Alexandra Fischer-Hunold
Koalas spurlos verschwunden!

Alexandra Fischer-Hunold

Koalas spurlos verschwunden!

Illustrationen von Daniel Sohr

Dank an Dr. Alexandra Ludewig
für ihre freundschaftliche Unterstützung.

Bibliografische Information Der Deutschen Bibliothek
Die Deutsche Bibliothek verzeichnet diese Publikation in der
Deutschen Nationalbibliografie; detaillierte bibliografische Daten
sind im Internet über *http://dnb.ddb.de* abrufbar.

Der Umwelt zuliebe ist dieses Buch auf chlorfrei gebleichtem Papier gedruckt.

ISBN 3-7855-5383-8 – 1. Auflage 2005
© 2005 Loewe Verlag GmbH, Bindlach
Umschlagillustration: Daniel Sohr
Umschlaggestaltung: Andreas Henze
Gesamtherstellung: Clausen und Bosse, Leck
Printed in Germany

www.loewe-verlag.de

Inhalt

Eine gefährliche Bekanntschaft 11
Kauderwelsch mit Soße 20
Eine geheimnisvolle Botschaft 31
Stimmen in der Nacht 41
Der Diebstahl 50
Unter Verdacht........................ 59
Treffpunkt Sydney 68
Die Nadel im Heuhaufen 77
Auf heißer Spur 87
Sydney-to-Hobart 97

Lösungen *108*
Glossar *110*
Australien – der rote Kontinent *114*

Eine gefährliche Bekanntschaft

In dem Geländewagen, der über die holprige Straße Richtung Hafen ruckelte, war es unerträglich heiß. Die Klimaanlage war ausgefallen und das ausgerechnet an einem Tag im australischen Hochsommer. Obwohl sie alle Fenster heruntergekurbelt hatten, liefen Brendan und Mike die Schweißperlen von der Stirn. Ihre Kurzarmhemden klebten an ihnen wie Kaugummi. 32 °C und eine drückende Schwüle bei strahlendem Sonnenschein sind im Dezember an der Ostküste Queenslands nichts Außergewöhnliches. Und wenn jetzt auch noch die Regenzeit einsetzte, wäre die Luftfeuchtigkeit nicht auszuhalten. Das wussten auch die beiden Jungen. Schließlich lebten sie seit ihrer Geburt auf Magnetic Island. Und immerhin war es auf der Insel noch wesentlich erträglicher als auf dem Festland. Aber dennoch konnte sich Mike einen leisen, gequälten Seufzer nicht verkneifen, als er sich jetzt mit dem Arm über die Stirn fuhr und seine Sonnenbrille den Nasenrücken hochschob.

„Mit welcher Fähre kommt der Professor denn an?", wandte er sich an seinen Vater.

Charles Mevissen, Direktor des Island Koala Parks, zog die Augenbrauen hoch und warf seinen Söhnen über den Rand seiner schwarzen Sonnenbrille hinweg im Rückspiegel einen forschenden Blick zu.

„Habt ihr es eilig?"

„Ach, Quatsch, Dad", beeilte sich Brendan zu versichern. „Im Gegenteil. Wir wollten noch zum Yachthafen rüber. Mal gucken, ob es was Interessantes zu sehen gibt."

„Ich denke, dafür werdet ihr genügend Zeit haben. Die Fähre legt in etwa fünf Minuten von Townsville ab. Also müsste sie in einer knappen halben Stunde hier sein", erwiderte Mr Mevissen. Er lenkte den Wagen auf den hafeneigenen Parkplatz und setzte zurück. Mit einem Ruck blieb das Auto stehen. Mr Mevissen schaute sich zu seinen beiden Jungs um und fügte mit einem Lächeln hinzu: „Was würdet ihr nur machen, wenn ihr nicht auf einer Insel leben würdet, die mitten im Great Barrier Reef, dem größten Korallenriff der Welt, liegt, und deshalb ständig von Yachten angelaufen wird, die ihr bestaunen könnt?"

„Wir würden hierhin ziehen! Ist doch klar, Dad!", rief Mike vergnügt. Sie kletterten aus dem Wagen und genossen einen Moment die frische Brise, die ihnen vom Meer entgegenwehte. Dann kremten sie sich nochmal gründlich mit Sonnenkreme ein und setzten ihre Kappen auf.

„Wir sind in einer halben Stunde am Fähranleger, o. k., Dad?", vereinbarte Brendan.

„Geht in Ordnung! *See ya later*!", verabschiedete sich Mr Mevissen von seinen Söhnen.

„Ja, bis dann!", bestätigten die Jungen und schlugen den Weg zum Yachthafen ein.

„Und dieser Professor mit dem irren Namen James Jameson kommt den ganzen weiten Weg aus den USA, um in unserem Park Koalas zu bestaunen?", fragte Mike und ließ seinen Blick über das türkis schimmernde Wasser der Bucht gleiten. Hier und da

verrieten Rückenflossen die Anwesenheit von Riffhaien, die auf der Suche nach Beute die Bucht durchkämmten.

Brendan nickte. „Stimmt! Seine Eltern haben echt nicht viel Fantasie bewiesen. Der gute Professor ist Biologe. Sein Spezialgebiet sind Beuteltiere. Koalas, Wombats ..."

„*Roos* ...", ergänzte Mike.

„Kängurus logischerweise auch", nickte Brendan. „Er möchte sie in ihrem natürlichen Lebensraum beobachten. Er besucht nicht nur unseren Koala Park, sondern auch eine Menge Nationalparks – die ganze Ostküste rauf und runter. Vernünftig! Ich meine, wenn er schon mal hier ist!"

„Ob wir nachher wieder das ganze Touri-Programm durchziehen müssen?", stöhnte Mike auf. Dann warf er sich in Positur und spulte wie ein Band die Informationen ab: „Also, wir befinden uns auf Magnetic Island. Ihren Namen verdankt die Insel dem britischen Kapitän James Cook. Als er im Jahre 1770 auf seinem Schiff, der *Endeavour*, hier vorbeischipperte, spielte sein Kompass derart verrückt, dass Cook der felsenfesten Meinung war, unsere schöne Insel, auf der wir jetzt stehen, sei magnetisch. Falsch gedacht, Mr Cook! Sie besteht aus Granit! Magnetic

Island liegt etwa acht Kilometer von Townsville entfernt und hat eine Größe von 52 km². Drei Viertel der Fläche nimmt ein Nationalpark ein, der ..."

„Oh, *belt up*!", befahl Brendan.

„Ich soll den Mund halten? Bei dir piepst es wohl!"

„Bitte, verschone mich!", flehte Brendan. „Du kannst nachher den Professor zuschwallen, aber ich kenne das Ganze mittlerweile echt in- und auswendig!"

Sie hatten den Yachthafen erreicht. Die vertäuten Motor- und Segelschiffe tanzten im ruhigen Rhythmus der Wellen gemächlich hin und her. Die beiden Jungen liefen auf den Steg hinaus, um die Boote genau in Augenschein zu nehmen. Sie schlenderten lässig an den Yachten vorbei und ergingen sich in

Fachgesprächen über Motorstärke, Beschleunigung und Länge der einzelnen Schiffe. Brendan und Mike hatten von Meerwasser und Sonne gebleichte blonde lockige Haare. Und obwohl Brendan mit seinen zwölf Jahren zwei Jahre älter war als sein Bruder, konnte man ihnen den Altersunterschied nicht ansehen, denn Mike war ein Stückchen größer als Brendan.

Plötzlich streckte Mike den Arm aus und deutete auf einen weißen Fleck draußen auf dem Meer.

„Schau mal, was da angebraust kommt!", forderte er seinen Bruder auf und stieß ihn zur Bekräftigung mit dem Ellenbogen in die Seite.

„Nicht schlecht!", staunte Brendan, als das weiße Gefährt mit hoher Geschwindigkeit auf den Yachthafen zuhielt. Der Bug des Schiffes teilte die Wasseroberfläche und ließ die sprühende Gischt zu den Seiten wegspritzen.

„Puh, das ist 'ne Hochseeyacht mit allen Extras. Mindestens 320 PS, sag ich dir", schwärmte Mike.

„Ja, da müssen wir lange die Koalas versorgen, bis wir uns so was leisten können", meinte Brendan sehnsüchtig.

Jetzt verlangsamte der Kapitän die Fahrt und hielt auf einen der freien Liegeplätze zu. Schnell rannten die Jungen dorthin.

„Ich muss unbedingt wissen, wie schnell der Kahn genau ist. Und was er bei der Beschleunigung so drauf hat", keuchte Brendan, als sie den Steg erreicht hatten, beugte sich vor und stützte die Hände auf die Knie. Während die Jungen das gekonnte Anlegemanöver beobachteten, fiel ihr Blick zufällig auf die Segelyacht, die an dem benachbarten Liegeplatz vertäut war. Bei der *Rainbow* handelte es sich ebenfalls um eine Hochseeyacht. Sie war auch nicht schlecht, aber in den Augen der Jungen bei weitem nicht so interessant wie eine Motoryacht. Deshalb schenkten sie ihr und dem Mann, der auf ihrem Deck im Schatten döste, keine große Beachtung.

„*Monsun*", las Brendan ehrfürchtig den Namen des anlegenden Schiffes. Vor lauter Aufregung war er ganz aus dem Häuschen. Hektisch winkte er dem Mann an Bord des Schiffes, der nun ins Sonnenlicht trat, zu und rief: „*G'day*, starke Yacht, die sie da haben. Darf ich Ihnen ein paar Fragen dazu stellen? Oder darf ich sie mir vielleicht mal ansehen?"

Für einen kurzen Moment stand der Mann in seinem auffällig karierten Hemd, der khakifarbenen Weste und den Shorts bewegungslos da. Schon machte Brendan Anstalten, an Bord zu kommen, als der Mann auf ihn zutrat und sich zu ihm herunterbeugte. „Wenn du nicht sofort zusiehst, dass du Land gewinnst, wird es dir noch Leid tun!", zischte er.

„O. k., o. k.", stammelte Brendan und taumelte rückwärts.

„Keine Panik! Wir sind schon so gut wie weg!", beschwichtigte Mike den Yachtbesitzer und zog seinen perplexen Bruder den Steg hinauf.

„Blödmann", schimpfte er vor sich hin.

Plötzlich fiel ihm auf, dass Brendans Gesicht kalkweiß war.

„Beruhige dich mal wieder. Der Typ ist total ausgeflippt. Aber deswegen musst du doch nicht gleich aus den Latschen kippen", versuchte er, seinen Bruder zu beruhigen.

„Du hast ja keine Ahnung!", hauchte Brendan.

Warum ist Brendan so erschrocken?

Kauderwelsch mit Soße

„Das glaub ich ja nicht!", rief Mike und blieb wie angewurzelt stehen.

„Wenn ich es doch sage!", zischte Brendan und zog Mike eilig weiter. Von der Sorge getrieben, der Mann könne sie beobachten, warf er einen verstohlenen Blick auf die *Monsun*. Aber der Mann war wieder im Inneren der Yacht verschwunden.

„Als er sich zu mir heruntergebeugt hat, konnte ich sie ganz deutlich sehen", flüsterte er.

Mike stieß einen leisen Pfiff aus. „Du bist dir auch ganz sicher?"

Brendan nickte.

Die Jungen verließen den Yachthafen und machten sich langsam auf den Weg zum Fähranleger.

„Das riecht nach Geheimnis und Abenteuer", frohlockte Mike leise und kickte in Gedanken versunken

ein Steinchen vor sich her. Dann rief er plötzlich: „Ich wette mit dir, dass der Kerl zu einer Bande gehört, die in den versunkenen Schiffswracks im Riff nach Schätzen sucht. Aber da hat er die Rechnung ohne uns gemacht. Wir werden uns an seine Fersen heften und ihm und seinen Komplizen das Handwerk legen! Mevissen & Mevissen, die Detektive, vor denen die Verbrecher zittern!"

Brendan schaute seinen Bruder zweifelnd an. Die Vorstellung war verlockend, aber ...

„Sollten wir nicht besser die Finger davon lassen?", meinte er. „Mir sitzt jetzt noch der Schreck in den Gliedern!"

„Unsinn!", entschied Mike. „Wir werden natürlich schön Abstand halten und uns aufs Beobachten beschränken. Wenn die Sache heiß wird, alarmieren wir die Polizei. Versprochen! – Mann, Brendan, überleg doch mal, so eine Chance kriegen wir nie wieder!"

Brendan zögerte.

„Komm schon! Heute müssen wir Dad noch als Begrüßungskomitee für den Professor zur Seite stehen, aber ab morgen wird die Unterwelt vor uns zittern. O. k.?" Mike ließ nicht locker.

Brendans Widerstand bröckelte. Die Versuchung war zu groß.

„O. k., ich bin einverstanden! *Give me five!*"

Brendan streckte seinem Bruder die flache rechte Hand entgegen. Der tat es ihm gleich. Mit einem lauten Klatschen besiegelten sie die Abmachung.

„Mevissen & Mevissen!", lachte Brendan. „Klingt gut!" In diesem Moment verkündete das wohl bekannte Hornsignal die Ankunft der Fähre aus Townsville.

Als die Brüder den Anleger erreichten, herrschte Hochbetrieb. Im Gewühl der Reisenden, die sich in der Hitze mit ihren Rucksäcken und Koffern abschleppten, hielten sie nach ihrem Vater Ausschau. Schließlich entdeckten sie ihn. In ein angeregtes Gespräch vertieft, stand er mit einem Herrn neben dem Geländewagen. Der Mann war schätzungsweise Anfang fünfzig, von durchschnittlicher Größe und hager. Sein dichtes braunes Haar war kurz geschnitten und akkurat gescheitelt. Auch sein Vollbart wirkte gepflegt. Die Kleidung war ordentlich und korrekt, aber genau wie seine Brille nicht auf dem neuesten Stand.

„Da seid ihr ja!", begrüßte Mr Mevissen seine Söhne und stellte sie seinem Begleiter vor.

„*G'day*, Professor Jameson", grüßten die Brüder.

„Auch ich wünsche euch einen guten Tag. Aber ich

glaube, das ist gar nicht nötig. Auf so einer wundervollen Insel ist bestimmt jeder Tag ein guter", lachte der Professor, der jedes R ausgiebig rollte, und schüttelte den Jungen die Hand. „Oder liege ich da falsch, Bernhard und Mitch?"

„Brendan und Mike", korrigierte Brendan den Professor mit einem Grinsen.

„Natürlich! Natürlich!", erwiderte Professor Jameson zerstreut. „Können wir jetzt in den Park fahren, Direktor Mevissen?"

Mr Mevissen, Mike und Brendan führten ihren Besuch durch die Eukalyptuswälder des Island Koala Parks. Nur selten konnten sie in den Astgabeln der Eukalyptusbäume einen schlafenden Koala entdecken. Kängurus streiften ihren Weg, eine Gruppe Wallabys schien an einem Granitfelsen ein Treffen abzuhalten, einmal tappte auch ein Wombat an ihnen vorbei, und die unzähligen Vögel der Insel sangen in den Baumwipfeln ein vielstimmiges Konzert. Plötzlich scholl eine Stimme zu dem kleinen Grüppchen herüber. Mr Mevissen dirigierte die anderen in diese Richtung.

„Der Name Koala stammt aus der Sprache der australischen Ureinwohner, der Aborigines, und heißt so viel wie ‚nicht trinken'", erklärte gerade ein Mann in Rangerkleidung mit einem putzigen Koala auf dem Arm den ihn umringenden Touristen. Als er Mr Mevissen und seine Begleiter aus dem Buschwerk treten sah, nickte er dem Parkdirektor kurz zu und fuhr dann fort: „Neunzig Prozent der benötigten Flüssigkeit bezieht der Koala aus den Blättern des Eukalyptus. Ein Koala trinkt nur, wenn er krank ist oder wenn die Eukalyptusblätter nicht genug Saft enthalten."

„Das ist Peter Lord. Er hält gerade die öffentliche Parkführung mit Fütterung der Tiere ab", raunte Mr Mevissen dem Professor zu. „Er arbeitet erst eine Woche hier, aber er macht seine Sache gut."

„Der Koala ist so niedlich! Findest du nicht auch, *darling*?", meldete sich eine Dame zu Wort, deren Akzent sie unverkennbar als Amerikanerin auswies. Die anderen Touristen ließen ihre Fotoapparate kli-

cken und filmten, was ihre Videokameras hergaben. Auch sie waren ganz entzückt von dem drolligen Pelzwesen.

„Können wir nicht einen mit nach Hause nehmen, *darling*?", bettelte die Frau. „Hier gibt es doch so viele!"

Ihr Mann zog skeptisch die Augenbrauen zusammen: „Wie viel würde denn ein Koala kosten?"

„Einheimische Flora und Fauna darf ohne Genehmigung nicht außer Landes gebracht werden", erklärte der Ranger. „Das gilt natürlich auch für die Koalas. Handel und unerlaubte Ausfuhr werden hart bestraft."

„Dabei würde ich mir so ein Tierchen wirklich etwas kosten lassen!", versicherte die Dame.

„Und mit Genehmigung?", fragte ein Japaner.

Der Ranger schüttelte den Kopf. „Sie werden für einen Koala kaum eine Ausfuhrgenehmigung bekommen. Schließlich zählen sie zu den bedrohten Tierarten und stehen unter Schutz." Mit ernstem Gesichtsausdruck fügte er hinzu: „Es bliebe nur der illegale Handel, und daran wollen wir doch gar nicht erst denken ..."

Einige Besucher bewegten scherzhaft die Hände hin und her, so als ob sie vielleicht doch gern über diese Möglichkeit geredet hätten.

„Booker!" Jetzt erst hatte Brendan den Koala erkannt. Er rannte zu dem Ranger hinüber und nahm ihm das Tier vom Arm. „Booker ist unser Hauskoala. Der Arme hat an der rechten Vordertatze nicht fünf, sondern nur vier Krallen. Eine hat er irgendwann verloren. Wie die anderen Tiere lebt er frei im Park,

aber er kommt uns häufig besuchen. Dann macht er es sich im Schaukelstuhl bequem und leistet uns Gesellschaft! Wir sind Freunde. Stimmt's, Booker?"

Als ob der Koala ihn verstanden hätte, kuschelte er sich tief in Brendans Arm und schloss die Augen. Er wollte das tun, womit Koalas sich meistens tagsüber beschäftigen – schlafen.

„Booker schmust gerne, aber Koalas können einen auch böse verletzen", erklärte Mike den Touristen. „Außerdem sollte man daran denken, dass Stress für sie nicht gut ist. Wie alle wilden Tiere haben sie eine natürliche Scheu vor dem Menschen und finden die ganze Kuschelei, wenn sie nicht daran gewöhnt sind, ziemlich unbehaglich!"

„So niedlich!", rief die Amerikanerin wieder begeistert, und ihr Mann hatte alle Mühe, sie aus dem Koala Park hinauszubugsieren.

Yummy, yummy, Ma's gegrillte Rippchen waren wieder ein Traum!", seufzte Brendan und schaltete den Computer an.

„Von mir aus könnten wir jeden Abend grillen", stimmte Mike ihm zu. Er lag bäuchlings auf seinem Bett und studierte die Tageszeitung. „Professor Jameson hat sich auch ganz schön den Wanst voll ge-

schlagen. Der ist bestimmt so früh auf sein Zimmer gegangen, weil ihm schlecht war, der zerstreute Mensch. Unsere Namen kann der sich echt nicht merken! – Was machst du da eigentlich, Bernhard?", frotzelte er.

„Ich schicke Kylie eine Mail. Wir müssen planen, was wir in den Weihnachtsferien bei ihr in Sydney machen wollen, und dann will ich ihr von unserem zerstreuten Professor, von dem Typen im Yachthafen und von Mevissen & Mevissen berichten, Mitch", erwiderte Brendan, ohne den Blick vom Bildschirm zu wenden.

Mike grinste und widmete sich der Zeitung.

Das Surren der Klimaanlage, Brendans Tippen, Mikes Umblättern und die Laute der Tiere aus dem Park waren lange Zeit das Einzige, was man hören konnte.

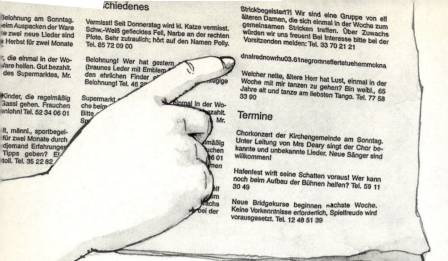

Brendan war so in seine Tätigkeit vertieft, dass er erschrocken zusammenfuhr, als Mike ihm ohne jede Vorankündigung den Anzeigenteil der Zeitung unter die Nase hielt: „Schau mal! Da hat einer aber richtig Mist gebaut."

Brendan las die Zeile über Mikes Finger:

dnalrednowrhu03.61negromneffertetuehemmokna

Was war das denn für ein Kauderwelsch? Aber noch bevor er dieser Frage nachgehen konnte, sagte Mike plötzlich aufgeregt: „Das ist ja gar kein Fehler! Das ist eine Nachricht!"

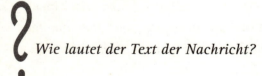

Wie lautet der Text der Nachricht?

Eine geheimnisvolle Botschaft

Mit zerzaustem Haar und immer noch im Schlafanzug, trat Mike zu Brendan ins Bad, der immerhin schon mit der Morgentoilette beschäftigt war.

„Ich habe gerade unsere Mailbox abgefragt", gähnte er. „Kylie hat geantwortet."

„Wasch schreubt sie?", nuschelte Brendan, dem der Zahnpastaschaum die Mundwinkel hinunterlief.

„Sie glaubt auch, dass dieser komische Anzeigentext etwas mit dem Typen vom Yachthafen zu tun hat. Schließlich ist er gestern hier angekommen. Wir sollen vorsichtig sein und ihr sofort Bericht erstatten. Sie wünscht Mevissen & Mevissen viel Erfolg bei ihrem ersten Fall!", richtete Mike aus, drehte den Wasserhahn auf, schob seinen Bruder zur Seite und spritzte sich zwei Hände voll kaltes Wasser ins Gesicht. Brendan spuckte die Zahnpasta aus, wischte sich den Mund ab und ging in das Schlafzimmer hinüber, um sich seine Schuluniform anzuziehen, die schon auf der Stuhllehne bereitlag: Shorts mit einer messerscharfen Bügelfalte, T-Shirt, Socken und Schuhe in den Farben der *primary school* von Magnetic

Island. Auch der Rucksack, in dem die Schulbücher, Hefte und die Federmappe verstaut waren, gehörte zur Schuluniform. Alle Schüler der *primary school* von Magnetic Island mussten, wie in Australien üblich, in Uniform zum Unterricht erscheinen. Die Mädchen trugen allerdings keine Shorts, sondern Röcke.

„Ankomme heute treffen morgen 16.30 Uhr wonderland", rief Brendan sich den Text der seltsamen Zeitungsanzeige ins Gedächtnis, während er sich die Socken anzog. „Dahinter verbirgt sich ein streng geheimes Treffen, von dem niemand etwas wissen soll. Hoffentlich verpassen wir die Fähre nach Townsville nicht. Sonst trifft sich wer auch immer ohne uns im *Great Barrier Reef Wonderland.*"

„Das klappt schon!", beruhigte ihn Mike. „Mevissen & Mevissen sind immer rechtzeitig zur Stelle!"

„Die Kinder im Outback haben es gut!", stöhnte Mike, als er neben seinem Bruder auf dem Fahrrad in die Pedale trat.

„Find ich gar nicht!", widersprach ihm Brendan entschieden und wich einer Echse aus, die auf dem warmen Asphalt ein morgendliches Sonnenbad nahm. „Die Armen haben keinen Strand und kein Meer, nur braunrote Wüste, Schafe oder Rinder bis

zum Abwinken. Nicht für alles Geld der Welt wollte ich dort leben!"

„Aber dafür müssen sie nicht zur Schule gehen!", verteidigte Mike seinen Standpunkt. „Die haben die *School of the Air*. Wenn sie wollen, können sie sich morgens im Pyjama vor das Funkgerät setzen. Die halbe Stunde Funkunterricht sitzt man doch auf einer Backe ab. Dagegen haben wir von neun bis fünfzehn Uhr Schule. Das ist doch ein gewaltiger Unterschied!"

Brendan schüttelte den Kopf. „Das Funksystem des *Royal Flying Doctor Service* haben sie früher genutzt. Heute werden die meisten Fächer gar nicht mehr über Funk unterrichtet, sondern über Internet, Fax oder Video. Die Schüler kommen auf die gleiche

Stundenzahl wie wir, nur müssen sie sich allein durch den ganzen Müll hindurchkämpfen. Außerdem haben sie keine Klassenkameraden neben sich sitzen, sondern ihren Vater, ihre Mutter oder einen Privatlehrer. Das ist doch schrecklich!"

Ein paar Miniautos ohne Türen und Fenster, aber zum Schutz gegen die Sonnenstrahlen mit einem Dach versehen, knatterten an den Brüdern vorbei und übertönten Mikes skeptische Antwort. Als aber einige Minuten später das vertraute Schulgebäude vor ihnen auftauchte, verspürte Mike doch eine gewisse Erleichterung darüber, dass er jetzt nicht allein vorm Funkgerät die Englischstunde überstehen musste.

„9,50 Dollar Eintritt pro Person?", schimpfte Brendan und kramte aus seinem Rucksack das Portmonee hervor. „Hoffentlich haben wir überhaupt so viel mit!"

Während sein Bruder die Finanzlage checkte, betrachtete Mike die Schaukästen am Eingang des *Great Barrier Reef Wonderland* in Townsville. Ganz genau sah er sich die Fotos des lebenden Korallenriffes an, das man in dem riesigen Aquarium bestaunen konnte. Einige Fotos zeigten Taucher bei der Fütterung von Haien, und auf anderen waren gigantische Meeresschildkröten oder Delfine zu sehen. Mike war so in deren Anblick vertieft, dass ihm gar nicht auffiel, wie er ständig ein leises „Uhu" von sich gab.

„Bist du ein Uhu?", erkundigte sich Brendan interessiert, als er mit den Eintrittskarten in der Hand hinzutrat. Das Geld hatte knapp gereicht.

„Ich finde diesen Laut so geheimnisvoll – wie aus einer anderen Zeit", erklärte Mike und ahmte wieder den Ruf des Nachtvogels nach. „Ich werde mir von Mrs Blakely die Kassette ausleihen. Denn wie ich heute in der Biostunde gelernt habe, werde ich diesen Ruf bei uns nie hören können, weil es den Uhu hier nicht gibt."

„Jetzt sind wohl endgültig die Sicherungen bei dir durchgeschmort", erwiderte Brendan kopfschüttelnd. „Es ist schon Viertel nach. Wir müssen rein!"

Gläserne Tunnel führten durch das *Great Barrier Reef Wonderland*. Haie, Clownfische, Tintenfische,

Quallen, Anemonen, Seeschlangen und unzählige andere Riffbewohner tummelten sich in farbenfroher Vielfalt neben und über den Besuchern. Aber Mike und Brendan hatten an diesem Tag keinen Sinn für die Schönheiten des Riffs. Ihre Aufmerksamkeit galt den Menschen, die sich durch die Gänge drängten.

Kaum waren sie vom Haupttunnel abgebogen und hatten einen der Quergänge betreten, kam ihnen Peter Lord entgegen. Ohne sie zwischen all den anderen Besuchern zu bemerken, ging er mit schnellem Schritt an ihnen vorbei.

Brendan sah Mike an. „Was macht der denn hier? Muss er um diese Zeit nicht im Koala Park sein?" Mike zuckte mit den Schultern.

Um fünf Minuten nach halb fünf hatte sich noch nichts Verdächtiges ereignet. Langsam wurde Brendan nervös. Gab es noch ein anderes *Wonderland*,

von dem sie nichts wussten? Immer schneller schritten sie die Gänge entlang.

Plötzlich ließ sie ein schriller Schrei herumwirbeln.

„*Darling*, schau mal – der Seestern!"

Kein Zweifel, das konnte nur die Amerikanerin vom Vortag sein. Die Jungen gingen noch ein paar Meter weiter und betraten dann den *Discovery Room*. Die gesamte Reisegruppe, die gestern noch im Koala Park Booker bestaunt hatte, drängte sich zusammen mit anderen Besuchern um einen Pool, in dem einige Riffbewohner herumschwammen und sich berühren ließen. Peter Lord war auch wieder da.

„Stell dir mal vor: Das Aquarium fasst 2,5 Millionen Liter Wasser", las der Amerikaner seiner Frau aus einem Prospekt vor.

„Ist das nicht der Mann von der *Rainbow*?", flüsterte Mike und deutete auf einen Besucher, der auf der anderen Seite des Beckens gemächlich hin und her schlenderte.

Aber da hatte Brendan schon jemand ganz anderen entdeckt: „Professor Jameson!"

„Mitch, Bernhard, was macht ihr denn hier?", rief der Professor erstaunt. „Ihr müsst das alles hier doch schon in- und auswendig kennen!"

„Nein, nein!", wehrte Mike schnell ab. „Wir sind häufig hier!"

„Dann viel Spaß!", wünschte der Professor und wandte sich wieder dem Pool zu.

Für ein paar Minuten geschah nichts Ungewöhnliches. Mit einem Mal zuckte Mike zusammen.

„Er ist tatsächlich hier!", flüsterte er halblaut.

„Von wem sprichst du?", wunderte sich Brendan. Im selben Moment fiel sein Blick aber auf den Karomann von der *Monsun*. Mit klopfendem Herzen sah er, wie der Kerl im karierten Hemd an den Pool trat.

„Was ist, wenn der uns sieht?", zischte er Mike zu.

„Das ist ein öffentliches Museum. Uns kann niemand verbieten, hier zu sein!", erwiderte Mike ungerührt. „Auf jeden Fall sind wir am richtigen Ort. *Wenn* heute ein geheimes Treffen stattfindet, dann in diesem Raum."

Die beiden gaben sich alle Mühe, niemanden aus

den Augen zu lassen. Ihnen sollte kein scheinbar zufälliges Aneinanderrempeln, keine geraunte Bemerkung entgehen. Aber schließlich mussten sie feststellen, dass es unmöglich war, so viele Menschen gleichzeitig zu bewachen.

Als gegen fünf Minuten vor fünf eine Lautsprecheransage die Besucher aufforderte, ihren Rundgang zu beenden, leerte sich der Raum allmählich.

„Jetzt sind alle weg!", stellte Mike enttäuscht fest. „Und nichts ist passiert!"

„Da bin ich mir noch nicht so sicher!" Zielstrebig ging Brendan auf einen Abfalleimer zu, neben dem einige beschriebene Papierfetzen auf dem Boden lagen. Der Abfalleimer war fast leer. Ganz unten schwammen in einer Colapfütze noch mehr Schnipsel. Obwohl die Schrift total verlaufen war, fischte Brendan sie heraus und legte sie in sein Taschentuch. Dann sammelte er die anderen auf.

„Jetzt wollen wir doch mal sehen, wie gut wir noch im Puzzeln sind!"

Was steht auf dem Zettel?

Stimmen in der Nacht

„Wenn ich nicht gleich ein großes Glas Limo bekomme, sterbe ich!", prophezeite Brendan und schleppte sich die Stufen zum Wohnhaus seiner Eltern hinauf.

„Ja, und zwar kalte Limo!", schwärmte Mike und fuhr sich bei dem Gedanken an eiskalte Prickelbrause mit der Zunge über die trockenen Lippen.

Mevissen & Mevissen waren sich der Gefahr, in der sie schwebten, nicht bewusst – dabei war sie zum Greifen nahe. Ahnungslos öffnete Brendan die Tür, als ein großer Schatten über ihn und Mike fiel.

„Wärt ihr wohl so freundlich und würdet mir mitteilen, wo ihr euch seit Schulschluss herumgetrieben habt?" Brendans und Mikes Mutter stand hinter den beiden und hatte ihre Arme in die Seiten gestemmt.

Die Geschwister sahen sich an. Mist – in der ganzen Aufregung hatten sie total vergessen, Bescheid zu sagen, dass sie später nach Hause kommen würden. Jetzt war es zu spät. Sie kannten ihre Mutter. Wenn sie einmal diesen Ton anschlug, dann war selbst mit guten Worten nichts mehr zu machen. Also taten sie das, was ihnen zu tun übrig blieb: Mit gesenkten Köpfen drehten sie sich zu Mrs Mevissen um und ließen das Donnerwetter über sich ergehen.

„Gestern ohne Abendessen ins Bett und heute schuften!", fasste Mike die Lage zusammen, während er mit kräftigen Schwüngen die Terrasse fegte.

„Ach, Booker, alter Junge!" Brendan warf das Fensterleder in den Eimer, dass das Wasser aufspritzte, und ging zu dem Koala hinüber, der sich gemütlich auf dem Schaukelstuhl zusammengerollt hatte und döste. Als Brendan ihn liebevoll zwischen den Ohren kraulte, blinzelte der Koala ihn zufrieden an und schloss vertrauensvoll wieder die Augen. Er wusste, dass ihm bei seinen Freunden nichts passieren konnte.

„Du hast es vielleicht gut!", flüsterte Brendan ihm zu, zog das Handtuch von der Armlehne und schlenderte unwillig zu seinem Arbeitsplatz zurück. Mit kreisenden Bewegungen polierte er das Fenster trocken.

„Die anderen verbringen den Nachmittag mit ihren Freunden beim Surfen, und wir müssen putzen!", schimpfte Mike weiter.

„Vielleicht lehrt es euch, das nächste Mal um Erlaubnis zu fragen, bevor ihr nach Townsville fahrt."

Unbemerkt von Mike und Brendan, war Mrs Mevissen auf die Terrasse getreten und ließ nun ihren prüfenden Blick über Fenster und Terrassenboden gleiten. Dann nickte sie zufrieden. „O. k., ihr könnt jetzt aufhören. Dad bittet euch, Peter Lord zur Hand zu gehen. Er bessert die Zäune an der Westseite aus. Und damit vergessen wir euren gestrigen Ausflug!" Mit einem Lächeln gab sie Mike das Telefon, das sie bis dahin hinter ihrem Rücken versteckt gehalten hatte. „Kylie bittet um Rückruf!" Sie war schon wieder im Wohnzimmer verschwunden, als Mike und Brendan sie rufen hörten: „Und seid pünktlich zum Abendessen wieder da! Wenn ich bitten darf!"

In Windeseile tippte Mike die Nummer ihrer Cousine ein. Weit weg in Sydney klingelte jetzt ein Telefon. Es dauerte einen Moment.

„Kylie Taylor!"

„Mike und Brendan!"

Sofort platzte es aus Kylie heraus: „Was ist im *Great Barrier Reef Wonderland* passiert?"

Im Telegrammstil und den Hörer ständig hin und her reichend, berichteten Mike und Brendan von ihren Erlebnissen in Townsville und von den ominösen Papierfetzen.

„Und was stand drauf?", drängte Kylie.

„Ich kann dir sagen: Es war gar nicht leicht, das herauszukriegen", sagte Brendan. „Ehrlich!"

„Jetzt sag schon! Ich platz sonst gleich vor Ungeduld!"

„Auf dem Zettel stand: Operation morgen Nacht. Warte auf gewohntes Zeichen!"

Am anderen Ende der Leitung blieb es still. Schließlich hörten sie ein gehauchtes „Cool!".

„Ja, da ist richtig was im Busch!", bestätigte Mike. Die Brüder hatten sich der Einfachheit halber darauf geeinigt, den Hörer so zwischen sich zu halten, dass sie beide sprechen und hören konnten.

„Und ... und was macht ihr jetzt? Beschattet ihr den Karomann? Ich meine, wenn ihr nicht gesehen habt, wer wem den Zettel gegeben hat, dann ist doch er unser einziger Verdächtiger, oder?"

Brendan seufzte. „Genau das hatten wir uns auch überlegt, aber dann ..."

Schnell erzählte er von den widrigen Umständen, die Mevissen & Mevissen davon abhielten, üblen Zeitgenossen das Handwerk zu legen.

„Eltern!", stöhnte Kylie verständnisvoll. „Und was jetzt?"

Mike zuckte mit den Schultern. „Abwarten und Tee trinken. Mehr bleibt uns ja wohl nicht übrig!"

„Wenn man nur wüsste, worum es geht, wo man sich heute Nacht auf die Lauer legen muss ...", überlegte Kylie.

„Das kann überall und nirgends sein", erwiderte Brendan hoffnungslos.

„Ich tippe ja nach wie vor auf die Wracks im Riff. Wahrscheinlich gibt es da draußen irgendwo einen Schatz, der noch nicht gehoben wurde", tat Mike seine Meinung kund.

„Da fällt mir was ein: Habt ihr heute schon Zeitung gelesen?", fragte Kylie.

Ohne die Antwort der Jungen abzuwarten, brabbelte sie weiter. „Auf Raine Island haben irgendwelche Idioten Schildkröteneier ausgebuddelt. Wie und wann das passiert ist, weiß keiner so genau. Auf jeden Fall sind die Kerle echt clever gewesen, denn die Strände werden bewacht. Die Meeresschildkröten stehen ja unter Artenschutz."

„Was haben die denn mit den Eiern vor?", fragte Mike verständnislos.

„Na, verkaufen! Ist doch klar! Es gibt genug so genannte Feinschmecker, die entweder die Eier oder die Schildkröten für Delikatessen halten. Ekelhaft!", regte sich Kylie auf.

Nachdem sie ausreichend Dampf abgelassen hatte,

wandten sich die drei der Ferienplanung zu. Dann verabschiedeten sie sich.

Vorsichtig einen Fuß vor den anderen setzend – schließlich sollte man Giftschlangen nicht unnötig aufschrecken –, folgten Mike und Brendan dem Zaun an der Westseite des Parks. Sie mussten den Ranger nicht lange suchen. Auf Höhe der Krankenstation hockte er vor dem Maschendrahtzaun, der den Island Koala Park von der Umgebung abgrenzte. Als er die Schritte der Jungen hörte, drehte er sich um.

„Hi!", grüßte Brendan. „Wir sollen beim Ausbessern helfen!"

„Das mach ich lieber selber!", lehnte Peter Lord das Angebot ab. „Ihr tut mir einen viel größeren Gefallen, wenn ihr die Käfige in der Krankenstation sauber macht."

Mike und Brendan sahen sich an. Oje, schon wieder putzen!

Später lagen sie auf ihren Betten und starrten die Decke an. Fenster und Türen waren fest geschlossen, damit die Klimaanlage gegen die Hitze wenigstens den Hauch einer Chance hatte.

Die Jungen waren mit ihren Gedanken beim Riff und den Vorgängen, die sie dort vermuteten. Im Park wurden die Tiere aktiv, und die Stimmen der Nacht drangen zu den Jungen herein. Die leisen murmelnden Laute der Koalas zeigten an, dass jetzt ihre Zeit gekommen war, um zu spielen und zu fressen. Von Zeit zu Zeit raschelte es im Unterholz. Einige Nachtvögel schickten ihren Ruf durch den dunklen Park. Beim schauerlichen Ruf des *curlew* wäre anderen sicherlich angst und bange geworden, aber für die Söhne des Parkdirektors war er ebenso vertraut wie der Laut des *kookaburra*, des Lachenden Hans.

Schließlich wurden die Jungen doch müde. Mike drehte sich auf die Seite und driftete langsam ins Reich der Träume ab. Im Halbschlaf vernahm er von irgendwo draußen gedämpftes Gelächter, dann erscholl der Ruf eines Uhus. Wieder war ein Lachen zu hören, diesmal heiser und hohl. Plötzlich war Mike wieder hellwach.

„Brendan! *Get up!*", rief er. „Wir müssen Dad wecken. Schnell! Die Verbrecher sind hier im Park!"

Was hat Mikes Aufmerksamkeit erregt?

Der Diebstahl

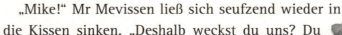

Von Mikes Panik angesteckt, stolperte Brendan, ohne lange nachzufragen, hinter seinem Bruder den dunklen Flur entlang. Endlich hatten sie das Schlafzimmer ihrer Eltern erreicht.

„Dad, schnell, steh auf!", flüsterte Mike aufgeregt.

Mr Mevissen brummte: *„Good heavens*! Was ist denn in euch gefahren …? Haben wir verschlafen?"

Er richtete sich widerstrebend auf und tastete nach dem Schalter der Nachttischlampe. Gerade noch rechtzeitig rief Brendan: „Nein, kein Licht!"

„Was habt ihr denn nur?", fragte Mrs Mevissen schläfrig.

„Es sind … Menschen im Park!", stammelte Mike, der vor Aufregung fast nicht reden konnte. „Ich habe sie gehört!"

„Mike!" Mr Mevissen ließ sich seufzend wieder in die Kissen sinken. „Deshalb weckst du uns? Du

hast den *kookaburra*, den Lachenden Hans, gehört. Sein Ruf klingt wie Gelächter. Aber das weißt du doch!"

„Nein, Dad, nein!", flehte Mike verzweifelt. „Ich habe einen Uhu gehört!"

Brendan schaute seinen Bruder erstaunt an. Da wurde es im Park laut. Die Koalas riefen mit ihrem Angstgeschrei, das sich anhört wie das Weinen eines Babys, um Hilfe. Den Mevissens fuhr es bis ins Mark. Vögel flatterten kreischend auf und suchten eilig das Weite. Männer riefen sich etwas zu.

Dann fielen Schüsse.

„Ihr bleibt hier!", befahl Mr Mevissen, sprang aus dem Bett und zog sich schnell eine Hose an.

„Sollen wir nicht doch besser mitkommen?", fragte Brendan unsicher.

„Ich sagte, ihr bleibt hier!", sagte Mr Mevissen mit einer Stimme, die keinen Widerspruch duldete.

„Charles, bitte, bleib hier!", flehte Mrs Mevissen ihren Mann an. „Wer weiß, wie viele da draußen sind!"

„Ich bin vorsichtig!", versicherte Mr Mevissen und schlich aus dem Zimmer.

Mrs Mevissen, Brendan und Mike lauschten angstvoll den Geräuschen von außen, die zu ihnen drangen: eilige Schritte, ein aufheulender Motor, dann das Zuschlagen von Wagentüren. Mit großer Geschwindigkeit entfernte sich das Auto. Dann war der Spuk vorbei.

Jetzt waren Mike und Brendan nicht mehr zu halten. Sie rasten nach draußen.

Auch die Ranger waren von dem nächtlichen Lärm aufgeschreckt worden. Mit Taschenlampen durchstreiften sie angeführt von Direktor Mevissen den Park und suchten alles nach Spuren der ungeladenen Besucher ab.

Im Morgenmantel und mit zerzausten Haaren, die Brille schief aufgesetzt, stand Professor Jameson kopfschüttelnd auf der Terrasse.

„Bernhard, Mitch, was um alles in der Welt ist denn los?", wandte er sich an die Jungen. „Waren das Einbrecher? Aber was gibt es hier schon zu holen?"

Die Jungen zuckten mit den Schultern und rannten weiter.

„Wartet auf mich!", rief der Professor und stolperte hinter ihnen her.

Brendan und Mike liefen auf die schwankenden Lichtkegel der Taschenlampen zu. Als sie ihren Vater und die Ranger erreicht hatten, bot sich ihnen ein Bild, das ihnen die Tränen in die Augen trieb. Ein Koalaweibchen lag leblos auf dem Boden, neben ihm ein Gewehr. Sein Junges lief verzweifelt weinend um die Mutter herum.

Während Brendan das Jungtier auf den Arm nahm, kniete sich Mike zu dem Koala am Boden nieder, den sein Vater bereits untersuchte.

„Ist er ... ist er ... tot?", brachte er mühsam hervor.

Zu seiner unermesslichen Erleichterung schüttelte Mr Mevissen den Kopf. „Er ist nur betäubt!"

Allen fiel ein Stein vom Herzen.

„Den mussten sie wohl zurücklassen", sagte Mr Mevissen mit düsterer Stimme und hob den Koala vorsichtig hoch.

„Direktor!" Mit schnellen Schritten trat Peter Lord

an die Gruppe heran. „Wir haben einige unserer Koala-Transport-Säcke gefunden." Der Ranger zeigte Brendans und Mikes Vater drei Baumwollsäcke. Diese wurden dazu benutzt, verletzte Koalas in die Krankenstation zu bringen.

„Sie haben mit unseren eigenen Betäubungsgewehren auf die Koalas geschossen. Und dann haben sie sie in die Säcke gesteckt, um sie leichter transportieren zu können!" Direktor Mevissen schäumte vor Wut.

„Du meinst, diese Kerle haben tatsächlich ein paar Koalas gestohlen?" Brendan drückte das Jungtier beschützend an sich.

„Genau das!", rief Mr Mevissen. „Weiß der Himmel, wie viele Koalas sie mitgenommen haben."

„Das ist ja unfassbar! Kommt das häufiger vor? Ich meine, dass Koalas gestohlen werden", ließ sich der Professor hören.

„Ab und an werden Leute bei dem Versuch erwischt, Echsen, Schlangen oder Pflanzen außer Landes zu schmuggeln. Entweder schmuggeln sie sie für sich selbst, oder sie haben im Ausland einen reichen Käufer sitzen, der bereit ist, eine hohe Summe zu zahlen, nur um etwas Außergewöhnliches zu besitzen. Solchen Leuten reicht keine heimische Rose und kein Hund. Aber dass es jemand auf Koalas abgesehen hat, ist mir neu!", sagte Mr Mevissen zornig.

„Hoffentlich ist diesen Menschen auch klar, dass ein Koala ohne die Blätter des Eukalyptus nicht überleben kann", sagte Professor Jameson mit sorgenvoller Stimme.

„Oh, diese Leute wissen ganz genau Bescheid, wie man mit einem Koala umgeht. Er ist schließlich ihr Kapital. Tot wäre er für sie wertlos!" Direktor Mevissen holte tief Luft, dann hatte er sich wieder einigermaßen unter Kontrolle. Mit beherrschter Stimme sagte er: „Lasst uns die zwei Koalas in die Krankenstation bringen. Und Peter – rufen Sie die Polizei!"

Während des Gesprächs war Mike ganz unruhig geworden. Und wenn die Kerle jetzt auch Booker ...? Nein, das durfte er gar nicht denken! Er musste sofort nachsehen, sofort!

Während die anderen seinem Vater zur Krankenstation folgten, schlich er unbemerkt in der Dunkelheit davon.

Es erstaunte niemanden, dass die Tür zur Krankenstation sperrangelweit offen stand. Schließlich hatten die Diebe hier die Säcke und die Betäubungsgewehre gestohlen. Alle atmeten erleichtert auf, als sie feststellten, dass die Tierdiebe wenigstens die kranken Koalas verschont hatten. Während Mr Mevissen und Brendan unter den Augen des Professors den betäubten Koala und dessen Jungtier versorgten, untersuchten einige der Ranger Fenster und Türen nach Einbruchsspuren. Aber es gab keine. Hier war niemand gewaltsam eingedrungen.

„Die haben also einen Komplizen innerhalb des Parks gehabt!", fasste Mr Mevissen die Fakten zusammen und trat, gefolgt von seinen Leuten und Brendan, ins Freie. „Jemanden, der sich auskennt und der ihnen die Krankenstation aufgeschlossen hat!"

Brendan wollte gerade etwas erwidern, als sie den Lichtschein einer Taschenlampe sahen, der sich auf sie zubewegte. Kurz darauf stand Mike atemlos vor ihnen.

„Sie haben Booker!", stieß er atemlos hervor.

„Woher weißt du das?" Brendans Stimme zitterte.

„Ich war an seinen Lieblingsplätzen. Er ist nicht da!", sagte Mike mit verzweifelter Stimme.

Einer der Ranger hatte während des Gesprächs mit seiner Taschenlampe den Boden vor der Krankenstation abgesucht. Nun hatte er etwas entdeckt und zeigte es den anderen: Im Lichtkegel sahen sie eine Schleifspur, die sich durch den Sand zog. Sie folgten ihr und gelangten zum Maschendrahtzaun, in den jemand ein großes Loch hineingeschnitten hatte.

„Hier sind sie hereingekommen!", stellte der Professor kopfschüttelnd fest.

„Der Zaun ist mit einer Spezialschere zerschnitten worden", sagte Mr Mevissen.

Mike und Brendan hatten einige Stunden zuvor genau an dieser Stelle schon einmal gestanden. Beide ließen auf der Suche nach möglichen Hinweisen

ihren Blick über Zaun und Boden gleiten. Mike wurde als Erster fündig. „Das hätten wir uns denken können", rief er aufgeregt und stieß seinem Bruder den Ellenbogen in die Seite.

Was hat Mike entdeckt?

Unter Verdacht

„Das ist der Beweis, nach dem wir gesucht haben", sagte Mike zu seinem Bruder. „Der Kerl war hier und hängt in der Sache mit drin. Es ist so, wie wir vermutet haben – nur dass er nicht hinter irgendwelchen versunkenen Schätzen her ist, sondern hinter Koalas!"

„Wovon redet ihr?", fragte Professor Jameson erstaunt und rückte seine Brille zurecht.

„Das erklären wir alles später!" Mike wandte sich an seinen Vater. „Dad, wir müssen zum Yachthafen, schnell!"

Mr Mevissen verschränkte die Arme vor der Brust. „Ich möchte erst wissen, was hier vor sich geht. Von wem redet ihr? Und warum wusstet ihr überhaupt, dass der Ruf des Uhus ein verabredetes Zeichen war?"

„Dad, bitte, lass uns jetzt sofort losfahren. Vielleicht erwischen wir sie noch. Vielleicht können wir Booker und die anderen Koalas noch befreien. Wenn wir zu lange warten, haben sie einen zu großen Vorsprung, und wahrscheinlich hat die *Monsun* dann schon längst abgelegt. Wir erzählen dir alles im Auto. Versprochen!", flehte Brendan.

„Die *Monsun* ist ein Schiff?", fragte Mr Mevissen nach.

„Ja, die Motoryacht von den Tierdieben. Wir müssen sie aufhalten!" Nervös zog Mike seinen Vater am Ärmel.

Direktor Mevissen sah seinen Söhnen prüfend ins Gesicht. Dann fasste er einen Entschluss.

Kurz darauf saßen er, Brendan, Mike und Professor Jameson im Geländewagen und brausten durch die Nacht zum Yachthafen. Während der Fahrt rief Mr Mevissen mit seinem Handy die Polizei, erklärte ihnen kurz, was passiert war, und bat sie dringend, die *Monsun* an der Ausfahrt aus dem Yachthafen zu hindern. Dann ließ er sich von seinen Söhnen die ganze Geschichte von Anfang an erzählen. An manchen Stellen fragte er nach. Aber zum größten Teil hörte er einfach schweigend zu.

Im Stillen musste er sich eingestehen, dass die Jungen keinen Fehler gemacht hatten. Selbst wenn sie ihm vorher von ihren Entdeckungen berichtet hätten – er hätte die Sache höchstwahrscheinlich nicht ernst genommen. Daher verkniff er sich die Standpauke.

Sie kamen gleichzeitig mit dem Polizeiauto am Parkplatz des Yachthafens an. Kaum war der Wagen zum Stehen gekommen, sprangen Mike und Brendan hinaus und rannten los.

„Moment mal, ihr zwei!", pfiff sie ein Officer zurück. „Ihr bleibt schön hier bei eurem Dad. Das Verbrecherfangen erledigen wir schon! Das ist nämlich nichts für Kinder." Dann machte er sich zusammen mit seinen Kollegen auf den Weg zum Hafen.

Brendan kickte wütend einen Stein zur Seite, als er und Mike langsam zurücktrotteten.

„Hey, ohne uns wüssten die doch gar nicht, wo sie suchen müssen", beschwerte sich Mike.

„Genau", stimmte Brendan seinem Bruder zu. Und leise fügte er hinzu: „Dummkopf!"

„Na!", schnalzte der Professor missbilligend.

Mr Mevissen legte seinen Söhnen die Hände auf

die Schultern. „Ihr habt eure Sache wirklich gut gemacht, aber jetzt ist es an der Zeit, die Ermittlungen der Polizei zu überlassen."

Hätte Mr Mevissen den verschwörerischen Blick bemerkt, den die Jungen schnell miteinander tauschten, hätte er sich die Sache mit der Standpauke bestimmt anders überlegt.

Gemeinsam folgten die vier dem Weg zum Yachthafen, bis sie ihn aus einiger Entfernung vor sich liegen sahen. Mike und Brendan suchten mit den Augen nach der *Monsun*. Im Licht der Stegbeleuchtung sahen sie, wie die Polizisten die Liegeplätze in Augenschein nahmen. Mike und Brendan hätten ihnen sagen können, dass die Suche vergeblich war. Der Liegeplatz der *Monsun* war ebenso verwaist wie der der *Rainbow*.

Brendan blickte auf den Pazifik hinaus. Irgendwo da draußen waren Booker und die anderen Koalas. Sie waren zu spät gekommen!

Den ganzen Vormittag regnete es in Strömen. *The Wet*, die Regenzeit, die auf den Inseln bei weitem nicht so ausgeprägt ist wie auf dem Festland, ließ grüßen. Es regnete immer noch, als Mike und Brendan auf ihren Fahrrädern von der Schule nach Hause fuhren.

„Das wird heute schon wieder nichts mit dem Surfen", stellte Mike zähneknirschend fest. Da sie nach dem Verschwinden der *Monsun* in Sachen Tierdiebe zur Untätigkeit verdonnert waren, und um die Trauer um Booker für einen Moment zu vergessen, hatten sich die beiden für den Nachmittag mit einigen Klassenkameraden zum Surfen verabredet.

„Ma bekäme wahrscheinlich sowieso wieder wegen der *box jellyfishes* einen Nervenzusammenbruch", winkte Brendan ab.

„Stimmt. Im Sommer hat sie immer Angst, so eine Würfelqualle könnte uns mit ihren Fangarmen erwischen und vergiften. Dabei gehen wir doch in den gefährlichen Monaten sowieso nur an die Strände, die durch Fangnetze geschützt sind", erwiderte Mike.

Angestrengt strampelten sie weiter. Aus der Ferne drang das Hornsignal der Fähre durch den Regen. Einige Kängurus kreuzten den Weg der Jungen. Ein Papageienpärchen hockte unter einem schützenden Blätterdach und putzte sein Gefieder.

„Ich wünschte, wir wären schon zu Hause!", seufzte Brendan, dem die nasse Schuluniform am Körper klebte. Als ob sein Wunsch zumindest teilweise erhört worden wäre, hielt in diesem Moment der Geländewagen ihres Vaters neben ihnen.

„Kann ich euch mitnehmen?" Mr Mevissen streckte den Kopf aus dem Wagenfenster.

„Wo kommst du denn her?", wunderte sich Mike.

„Ich habe Professor Jameson zur Fähre gebracht. Er reist heute ab. Ich soll euch schön grüßen. Am Fähranleger war die Hölle los. Die ersten paar Regentropfen scheinen die meisten Touristen in die Flucht geschlagen zu haben. Erinnert ihr euch an die Reisegruppe mit dem amerikanischen Ehepaar und dem Japaner? Die sind ebenfalls an Bord gegangen. Aber nun ladet schon eure Räder auf!"

Mike und Brendan wuchteten ihre Fahrräder auf den Dachgepäckträger und stiegen eilig ins Auto.

Mit verschränkten Armen lehnte Mike am Fenster und schaute in den Park hinaus, während Brendan den Computer anschaltete.

„Regen, Regen, Regen", knurrte Mike leise. Nach einer Weile fragte er: „Ist dir gestern Nacht im Park nicht auch so eine Idee gekommen, wer der Komplize der Tierdiebe sein könnte? Ich meine den, der ihnen die Krankenstation aufgeschlossen hat?"

Brendan schaute vom Bildschirm auf. „Du meinst Peter Lord? Aber ich kann mir nicht vorstellen, dass er so etwas tun würde. Er liebt die Tiere genauso wie wir. Und er ist immer sehr nett."

„Aber das Loch im Zaun war genau an der Stelle, an der Peter gestern gearbeitet hat", beharrte Mike auf seinem Standpunkt. „Was er da genau gemacht hat, haben wir beide nicht sehen können, weil er davor stand. Außerdem hat er einen Schlüssel zur Krankenstation."

„Den haben alle Ranger hier im Park!", erhob Brendan Einspruch. Froh, von dem Thema ablenken zu können, verkündete er: „Wir haben eine Mail von

Kylie. – Was ist das denn?" Stirnrunzelnd las er vor: „Vielleicht solltet ihr eurem zerstreuten Professor mal sagen, dass seine Leute ihn vermissen. Die Mail hat einen Anhang. Schaut mal rein!"

Mit einem Sprung stand Mike hinter Brendan. Als dieser den Anhang öffnete, kam ein Zeitungsartikel mit einem Foto von Professor Jameson zum Vorschein.

Leise murmelnd las Brendan vor:

„Professor vermisst – Der bekannte amerikanische Biologe Professor James Jameson wird seit einer Woche vermisst. Kurz vor seinem Verschwinden bereitete er gerade eine mehrwöchige Forschungsreise nach Australien vor. Dort wollte er mehrere Nationalparks besuchen, um Beuteltiere, die sein Spezialgebiet sind, in ihrem natürlichen Umfeld zu studieren. Seit dem Tag seiner Abreise hat er sich aber weder bei seiner Familie, noch an der Universität gemeldet. Anfragen bei Nationalparks nach dem Verbleib des Professors waren bisher erfolglos. Sachdienliche Hinweise nimmt jede Polizeidienststelle entgegen. Das Foto zeigt Professor James Jameson am Tag seiner Abreise. – Das ist ja eine komische Geschichte", meinte Brendan verwirrt.

„Wir müssen der Polizei Bescheid geben, dass der

Professor bis heute bei uns war", sagte Mike schulterzuckend.

Brendan starrte den Bildschirm an. Die Gedanken schienen in seinem Kopf ein Rennen zu veranstalten.

„Nein, Mike", sagte er leise. „Es war jemand hier, das ist richtig. Aber dieser Jemand war nicht Professor James Jameson!"

Wie kommt Brendan darauf?

Treffpunkt Sydney

Ungeduldig lief Kylie in der Ankunftshalle des Flughafens von Sydney auf und ab. Immer wieder warf sie einen Blick auf die große Anzeigentafel.

„Kylie, nun komm mal ein bisschen zur Ruhe!", ermahnte Mrs Taylor ihre Tochter. „Du siehst doch, dass die Maschine aus Townsville angekündigt ist. Dadurch, dass du hier Gräben in den Fußboden läufst, landet sie auch nicht früher!"

„Unsere Tochter ist eben ein unruhiger Geist!", meldete sich Mr Taylor grinsend zu Wort.

Kylie seufzte im Stillen und setzte ihr privates Rennen unbeeindruckt fort. Da! Mit einem Ruck blieb sie stehen. Die Anzeigentafel verkündete genau das, worauf sie schon die ganze Zeit gewartet hatte. Das Flugzeug der Fluglinie *Qantas*, das vor ein paar Stunden in Townsville vom Boden abgehoben hatte, war endlich in der Hauptstadt von New South Wales gelandet.

Zwar schickten sie und die Jungs fleißig E-Mails

hin und her, aber gesehen hatte Kylie ihre Cousins das letzte Mal vor drei Jahren, als sie und ihre Eltern die Ferien auf Magnetic Island verbracht hatten.

Es schien eine Ewigkeit zu vergehen, bis endlich die ersten Passagiere mit Koffern und Taschen bepackt die Ankunftshalle betraten. Kylie stellte sich auf die Zehenspitzen und versuchte, zwischen den vielen Gesichtern die der Mevissens ausfindig zu machen.

„Brendan! Mike!" Begeistert stürzte sie auf die beiden zu, die gerade hinter ihren Eltern durch die Absperrung traten. Nach einer herzlichen Begrüßung der Familien machte sich der gesamte Trupp auf den Weg zum Parkplatz. Das Gepäck wurde im Kofferraum des Minivans verstaut, und schon traten sie die neun Kilometer lange Fahrt vom Flughafen nach Sydney an.

„Sag mal, Schwesterherz", wandte sich Mr Taylor an Mrs Mevissen. „Wann wart ihr eigentlich das letzte Mal hier?"

„Das ist lange her", erwiderte Mrs Mevissen.

„Ich glaube, es war vor den Olympischen Sommerspielen im Jahr 2000", mischte sich Mr Mevissen ein.

„Stimmt, zur Olympiade konntet ihr ja nicht kommen. Den Olympic Park müsst ihr sehen! Aber der ist mit seinen 760 Hektar so riesig, da fahren wir ein andermal hin. Jetzt beschränken wir uns erst mal auf eine kleine Stadtrundfahrt", entschied Mrs Taylor. „Es hat sich ja so viel verändert!"

Verschwörerisch rückte Kylie näher an Brendan und Mike heran und drängte: „Erzählt endlich! Wie seid ihr dahinter gekommen, dass der Professor in der Zeitung und der, der bei euch war, zwei unterschiedliche Personen sind?"

„Detektivisches Können!", antwortete Mike großspurig. Kylie verdrehte die Augen.

„Die Sache ist ganz einfach", meldete sich Brendan zu Wort. „Der falsche Professor hat ein ernst zu nehmendes Problem mit der Optik!"

Nachdem er diese Äußerung näher erklärt hatte, zog Kylie die Nase kraus: „Wie blöd von ihm!"

„Ich bin auf jeden Fall froh, dass sich mein Verdacht gegen Peter Lord auf diese Weise in Luft aufgelöst hat", gab Mike zu. „Der Professor war der Verbindungsmann der Tierdiebe im Park."

„Na, Kinder, was schätzt ihr, wie viele Sydneysiders leben in unserer schönen Stadt?", fiel Kylies Vater ihnen da ins Wort.

„Was für Dinger?" Mike runzelte die Stirn.

„Dad, wir haben doch Ferien!", beschwerte sich Kylie. „Sydneysiders sind die Einwohner von Sydney, und davon gibt es knapp vier Millionen." Mit einem absolut entnervten Blick in den Rückspiegel machte Kylie ihrem Vater unmissverständlich klar, dass die Fragestunde nun beendet war.

„Und wie ging es dann weiter?", wollte Kylie von ihren Cousins wissen.

„Wir sind mit Dad zur Polizei gegangen. Aber die wussten schon über den falschen Professor Bescheid. Die Polizisten hatten sich nämlich mit dem Zoll in Verbindung gesetzt. Die beim Zoll gehen davon aus, dass der falsche Professor der Anführer einer weltweit operierenden Tierschmugglerbande ist. Stell dir das mal vor! Den echten Professor haben sie wahrscheinlich entführt. Der Haken an der Geschichte ist nur, dass keiner weiß, wer sich hinter der Maske des falschen Professors verbirgt. Aber das Gute ist, dass ihm ein Zollfahnder schon länger auf der Spur ist. Die Polizisten wissen zwar auch nicht, worauf der noch wartet, aber es kann nicht mehr lange dauern, bis er die Bande hochnimmt. Und dann bekommen wir Booker und die anderen Koalas zurück." Vor Aufregung war Mikes Gesicht ganz rot geworden.

„Das ist ja super", freute sich Kylie.

„Wir haben eure Telefonnummer und Dads Mobilfunknummer hinterlassen. Sobald sich was tut, informiert uns die Polizei", ergänzte Brendan gut gelaunt.

„Wenn ich es nicht besser wüsste, könnte ich unser schönes Sydney glatt für eine Stadt in den Vereinigten Staaten halten. Geht es euch nicht auch so?", ließ sich Mr Mevissen vernehmen.

Brendan und Mike verstanden, was ihr Vater meinte. Denn die Hochhäuser und imposanten Bauwerke Sydneys verliehen der Stadt eine Skyline, die es durchaus mit der von US-amerikanischen Metropolen aufnehmen konnte.

Jetzt war Mr Taylors große Stunde als Fürsprecher seiner Stadt gekommen. Begeistert und stolz präsen-

tierte er seinem Besuch die Sehenswürdigkeiten, die ein Tourist auf jeden Fall gesehen haben muss. Natürlich durften auch die beiden Wahrzeichen der Stadt – das Sydney Opera House, dessen Dächer wie vom Wind aufgeblähte Segel aussehen, und die Sydney Harbour Bridge – nicht fehlen. Kreuz und quer lenkte Mr Taylor den Wagen durch die weihnachtlich geschmückte Stadt. Während auf dem Wasser Weihnachtsmänner in roter Badehose und mit weißem Bart Wasserski liefen, trotzten in den Schaufenstern der Geschäfte aus Watte entstandene Schneelandschaften mit Schlitten, Rentieren und Weihnachtsmännern dem strahlenden Sonnenschein und satten 35 °C.

Schließlich fuhren sie aber doch noch zum Haus der Taylors und ließen den Tag bei einem gemütlichen Abendessen ausklingen.

In den nächsten zwei Tagen schmückten die Kinder den Plastikweihnachtsbaum und backten Zimtwecken. Abends zogen sie mit ihren Eltern und einer Ausgabe der Tageszeitung los, um sich nach dem abgedruckten Plan die Häuser mit den ausgefallensten Weihnachtsdekorationen anzusehen. Am Morgen des 23. Dezember fuhren Kylie, Mike und Brendan mit dem Bus in die Innenstadt, um ihre letzten Weihnachtsgeschenke einzukaufen. Kylie machte der Bummel durch die Geschäfte großen Spaß, aber

Mike und Brendan war noch nicht mal ein Lächeln zu entlocken, als ihnen ein schwitzender Weihnachtsmann etwas Süßes schenkte. Ihre Stimmung war auf dem Nullpunkt, denn die Polizei hatte immer noch nicht angerufen. Langsam wurde die Sache wirklich komisch! Um die beiden aufzuheitern, lud Kylie ihre Cousins im Rushcutters Bay Park zu einem Eis ein. Sie suchten sich eine Bank im Schatten und ließen sich nieder. Im gleichen Moment stieg Kylie ein sonderbarer Geruch in die Nase. Er war ihr nicht unbekannt, aber es wollte ihr im Moment einfach nicht einfallen, woran er sie erinnerte. Schulterzuckend schob sie den Gedanken beiseite und widmete sich ihrem Eis. Mhm – Schokoladeneis war wirklich eine super Erfindung!

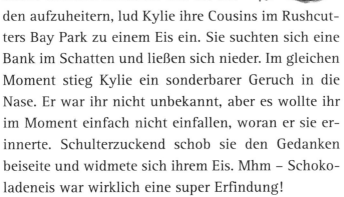

Plötzlich fiel es ihr wieder ein: Eukalyptus! Dass sie da nicht früher draufgekommen war!

„Findet ihr es nicht auch merkwürdig, wie intensiv es hier nach Eukalyptus riecht?", fragte sie ihre Cousins.

Mike und Brendan schnupperten. Tatsache! Kylie hatte Recht. Aber woher kam der Geruch?

„Vielleicht ein Koala!", überlegte Mike. „Sie riechen wie ein Eukalyptusbonbon auf Tatzen, weil sie so viel Eukalyptusblätter essen!"

„Ein Koala im Rushcutters Bay Park?", wunderte sich Kylie kopfschüttelnd, half ihren Cousins aber doch, die nähere Umgebung abzusuchen. Plötzlich blieb Brendan stehen und deutete wortlos nach oben. Genau über ihnen lag ein Koala auf einem Ast und hielt ein Nickerchen.

„Süß!", schwärmte Kylie.

Ohne den Blick vom Koala abzuwenden, trat Mike langsam auf den Baum zu. Dann sagte er ungläubig: „Booker! Das ist doch Booker!"

Woran hat Mike Booker erkannt?

Die Nadel im Heuhaufen

Es wurde eine kaum enden wollende Begrüßung. Wenn das überhaupt möglich war, schien Booker über das Wiedersehen noch glücklicher zu sein als Mike und Brendan. Als der Koala friedlich, aber auch erschöpft von der ganzen Aufregung auf Brendans Arm eingeschlafen war, zog Kylie ihr Handy hervor und rief ihren Onkel an, der wenig später im Rushcutters Bay Park eintraf. Nach einer kurzen Untersuchung entschloss sich Direktor Mevissen, Booker zur Erholung in den Taronga Park Zoo zu bringen.

Zwei Stunden später saßen die Taylors und die Mevissens bei Sekt, Eistee und Weihnachtsplätzchen auf der schattigen Veranda der Taylors und feierten Bookers Rückkehr. Mr Mevissen hob sein Sektglas in die Luft und rief: „Auf Booker! *Cheers!*"

Die anderen erwiderten seinen Toast, und das Klirren der Gläser ging in heiterem Gelächter unter.

Mrs Taylor setzte ihr Glas ab. „Wie gut, dass Booker eine Kralle fehlt. Womöglich hättet ihr ihn sonst gar nicht erkannt."

„Ja, ihr seid richtige Detektive", lachte Mr Taylor.

„Mevissen & Mevissen sind eben die Besten!" Mike grinste zufrieden.

„Mevissen, Taylor & Mevissen!", korrigierte Kylie. „Ohne mich wärt ihr doch nie im Leben auf die Idee gekommen, im Park ein Eis essen zu gehen!"

„Jemanden in einen Park zu führen ist aber keine richtige Detektivarbeit", urteilte Brendan streng.

„Wart's ab!", antwortete Kylie viel sagend.

„Wie auch immer – auf jeden Fall wird es so doch noch ein schönes Weihnachtsfest", freute sich Mrs

Taylor. „Wobei wir bei der weiteren Planung wären. Morgen Abend gibt es natürlich Putenbraten und Plumpudding. Und danach gehen wir zum Darling Harbour."

„Oh ja!" Mrs Mevissen strahlte. „Wir machen es uns auf Picknickdecken bequem, schwenken Kerzen und singen Weihnachtslieder. Und ganz Darling Harbour erstrahlt wie ein Lichtermeer."

„Und nach der Bescherung am Morgen des 25. gehen wir zum Weihnachtspicknick in den Hyde Park", ergänzte Mr Taylor und goss sich noch ein wenig Sekt nach.

„Wir gehen jedes Jahr in den Hyde Park. Können wir nicht dieses Mal in den Rushcutters Bay Park gehen? Dann könnte ich Mike und Brendan die schicken Schiffe im Yachthafen zeigen", schlug Kylie vor.

Die Elternpaare sahen sich an.

„Warum nicht?", befand Mrs Taylor. „Wäre mal was anderes!"

Plötzlich stand Mr Mevissen auf. „Entschuldigt mich. Ich muss mal kurz telefonieren."

„Jetzt?", fragte seine Frau etwas enttäuscht. „Es ist doch gerade so nett."

„Ich will nur schnell die Polizei darüber informieren, dass wir Booker gefunden haben. Das wird sie sicher interessieren!"

„Und ich ziehe mich zu einem kleinen Vorweihnachtsnickerchen zurück", sagte Mr Taylor, den der Sekt offensichtlich etwas schläfrig gemacht hatte.

„Wir verabschieden uns dann auch!", entschied Kylie und zog Mike von der Keksdose weg. „Dann seid ihr unter euch!"

„Und könnt reden, worüber ihr wollt", ergänzte Brendan und verließ mit Kylie und Mike die Veranda.

Kopfschüttelnd schauten Mrs Taylor und Mrs Mevissen ihren Kindern hinterher. So viel Rücksichtnahme waren sie von ihren Sprösslingen gar nicht gewohnt.

„*What's up?* Was ist denn los?", protestierte Mike und warf sich unwillig auf Kylies Schreibtischstuhl.

„Kannst du dir das wirklich nicht denken? Wir haben doch jetzt eine neue Spur, und der sollten wir nachgehen, oder?", antwortete Kylie und schloss die Zimmertür.

„Du meinst wegen der Tierschmuggler?", stellte Brendan klar. Kylie nickte.

„Ich habe mir auch schon meine Gedanken gemacht", sagte Brendan. „Bookers Auftauchen im Park kann nichts anderes heißen, als dass die Kerle hier in Sydney waren oder sind."

„Also, suchen wir nach ihnen!" Mikes gewohnter Tatendrang hatte die schlechte Laune verjagt. „Aber wo? Sydney ist riesig!"

„Stimmt", nickte Brendan. „Aber einen Hinweis haben wir. Sie sind schließlich mit der *Rainbow* – Quatsch, das war ja das Schiff daneben –, mit der *Monsun* von Magnetic Island abgehauen. Alles spricht dafür, dass sie mit ihrer Hochseeyacht hierher gefahren sind. Warum hätten sie auf Autos umsteigen sollen?"

„Stimmt!" Mike zupfte gedankenverloren an seiner Unterlippe. „Und mit dem Flugzeug hätten sie die Tiere nicht transportieren können."

Brendan holte tief Luft. „Aber wenn wir alle Yachthäfen von Sydney nach der *Monsun* absuchen wollen, werden wir in drei Jahren noch nicht fertig sein! Vielleicht sollten wir mit unserer Vermutung zur Polizei gehen?"

„Bist du verrückt?", rief Mike aufgebracht. „Das sehe ich gar nicht ein! Wenn die nicht alleine auf die Idee kommen, ist das ihr Problem. Aber ich lasse mich auf keinen Fall wieder wie ein Kleinkind behandeln!"

„Haut euch nicht die Köpfe ein", beschwichtigte Kylie. Mit verschränkten Armen lehnte sie am Bücherregal. „Ich glaube, so kompliziert wird die Sache gar nicht werden. Wenn wir Glück haben, müssen wir nur in einem Yachthafen suchen: in dem in der Rushcutters Bay. Die Bucht grenzt an den Park, in dem wir Booker gefunden haben. Da liegt der Schluss doch nahe, dass die Schmuggler dort vor Anker gegangen sind, oder?"

„Schlaues Mädchen!", lobte Mike. „Aber wie kommen wir da hin? Ich meine, wir sind hier doch erst mal weihnachtstechnisch voll eingespannt!"

Kylie breitete die Hände aus. „Warum habe ich wohl vorgeschlagen, dass wir unser Weihnachtspicknick im Rushcutters Bay Park machen?"

Der 25. Dezember war gekommen. Die Vorbereitungen für das Fest, Putenbraten und Plumpudding, ein schöner Abend im Darling Harbour und die Bescherung lagen hinter ihnen. Brendan, Mike und Kylie hatten ihre Eltern mit dem Weihnachtspicknick im Rushcutters Bay Park allein gelassen und schlenderten nun über die unzähligen Stege des Yachtclubs in der Rushcutters Bay. Ein atemberaubendes Schiff neben dem anderen strahlte auf Hochglanz geputzt im Sonnenlicht.

„Hier ist natürlich die Hölle los", erklärte Kylie. „Morgen am *Boxing Day* startet die berühmte Sydney-to-Hobart Regatta. Da liegen in den Häfen von Sydney mehr Schiffe vor Anker als im restlichen Jahr."

Die Zeit verging, ohne dass sie einen Hinweis fanden. Brendan kam es so vor, als ob seine Füße gleich in Rauch aufgehen müssten. Sie liefen jetzt bestimmt schon zwei Stunden durch den Yachthafen. Jedes Schiff betrachteten sie eingehend und studierten seinen Namen. Aber von der *Monsun* fehlte jede Spur. Dafür gab es wundervolle Schiffe zu bestaunen mit Namen wie *Neptun, Box Jellyfish, Shark, Rain owl, Flying Eagle* oder *Champion*. Schließlich mussten sich die Kinder eingestehen, dass ihre Suche ergebnislos geblieben war. Niedergeschlagen schlenderten sie zu ihrem Picknickplatz zurück.

„Was ist denn in euch gefahren?", wunderte sich Mr Taylor. Dann zog er die Augenbrauen hoch und nickte. „Ja, ich weiß. Es ist hart, so viele wunderschöne Schiffe zu sehen und doch auf keinem davon ein Rundchen auf dem Pazifik drehen zu dürfen. Aber da kann ich Abhilfe schaffen. Ein Freund hat mich eingeladen, auf einem Begleitboot, nämlich seiner Yacht, das erste Stück der Regatta mitzufahren.

Wenn ich ihn darum bitte, dürft ihr bestimmt auch mitkommen. Na, wie wäre das?"

Dieses Angebot verbesserte die Laune der drei beträchtlich. „Klar", strahlte Mike und boxte seinem Bruder vor Freude in die Seite.

„Wenn ihr mitwollt, seid morgen pünktlich an der *Flying Eagle*", sagte Mr Taylor. „Sie liegt am äußersten Steg, zwischen der *Rain owl* und der *Champion*. Yachten haben immer so ausgefallene Namen, findet ihr nicht auch?"

Die Kinder schnappten sich ihre Picknickdecke und ließen sich ein gutes Stück von ihren Eltern entfernt nieder. Kylie legte sich auf den Rücken und murmelte leise: „,Regeneule' ist wirklich ein ziemlich ausgefallener Name!"

Da richtete sich Brendan langsam auf: „Was hast du da gerade gesagt?"

„*Rain owl*, Regeneule! Im Vergleich zu *Flying Eagle*, ‚Fliegender Adler', oder *Champion* klingt der Name so außergewöhnlich", erklärte sie.

Brendan schnippte mit den Fingern und angelte aufgeregt Stift und Papier aus der Tasche seiner Shorts.

„Was ist los?", drängte Mike.

Brendan kritzelte schnell etwas auf den Zettel und hielt ihn den anderen hin.

„Die Schmuggler sind hier! Wir haben nur nach dem falschen Schiff gesucht!"

Wie kommt Brendan zu diesem Schluss?

Auf heißer Spur

„Dass uns das nicht sofort aufgefallen ist!" Mike klatschte sich mit der Hand an die Stirn. „Aber eines verstehe ich noch nicht: Die Schmuggler sind doch mit der *Monsun* unterwegs!"

„Da haben wir einen Fehler gemacht", räumte Brendan ein. „Wir waren so überzeugt davon, dass der Mann auf der *Monsun* verdächtig ist, dass wir alle anderen Möglichkeiten außer Acht gelassen haben."

„Und der Karomann von der *Monsun*?", wollte Mike wissen.

„Keine Ahnung. Aber es könnte doch sein, dass er der Zollfahnder ist, der hinter den Schmugglern her ist", meinte Brendan. „Das würde auch die Schüsse in unserem Park und den Hemdfetzen erklären."

„Na toll! Und wo ist er jetzt, bitte?", fragte Kylie.

Die anderen zuckten mit den Schultern.

„Egal!", entschied Mike. „Wir müssen sofort zum Hafen zurück und die *Rainbow* ausspionieren!"

„Kinder! Zusammenpacken! Wir müssen nach Hause!", mahnte Mrs Taylor wie aufs Stichwort. „Wir bekommen gleich noch Weihnachtsbesuch!"

„Mist!", stöhnte Brendan und ließ sich flach auf den Rücken fallen.

„So kommen wir nie weiter!", knurrte Mike und schubste Brendan von der Decke, damit er sie zusammenfalten konnte.

Am nächsten Tag fuhren Brendan, Mike und Kylie mit ihren Fahrrädern zur Rushcutters Bay. Am Eingang zum Yachthafen stellten sie ihre Räder ab.

Überall rannten geschäftige Menschen umher. Mannschaften machten ihre Schiffe für die Regatta startklar, die in wenigen Stunden beginnen würde. Fernsehteams bauten ihre Kameras auf, und von Hubschraubern aus wurde das Geschehen aus der Luft gefilmt.

Die Kinder eilten durch den Hafen. Als sie den Steg erreichten, an dem die *Rainbow* lag, blieben sie kurz stehen und holten noch einmal ganz tief Luft.

„Mevissen, Taylor & Mevissen!", sagte Kylie mit fester Stimme.

„Wir sind ein Team! Und unschlagbar!", rief Brendan. Die drei hoben ihre Hände und schlugen ein. Dann betraten sie den Steg. Im Zickzack schlängelten sie sich an den vielen Menschen vorbei. Der Gedanke daran, dass der falsche Professor jeden Moment vor ihnen auftauchen konnte, ließ ihre Herzen schneller klopfen. Und sie würden ihn wahrscheinlich noch nicht mal erkennen. Denn es war nicht anzunehmen, dass er immer noch den Vollbart trug. Es blieb ihnen nichts anderes übrig, als den Blick zu senken und auf ihr Glück zu vertrauen.

In sicherer Entfernung zur *Rainbow* blieben sie stehen und checkten die Lage. Auf der *Flying Eagle*, die neben der *Rainbow* am Anleger lag, herrschte Hochbetrieb. Die kam für ihre Zwecke also nicht in Frage.

„An Bord der *Rainbow* ist alles ruhig!", stellte Mike fest. „Wie ausgestorben."

„Auf der *Dutchess* rechts neben ihr ist auch keine Menschenseele zu entdecken", flüsterte Brendan unnötig leise. „Lasst uns mal nachsehen, ob da wirklich keiner ist. Dann können wir von dort aus beobachten, was auf der *Rainbow* vor sich geht!"

Sie hatten Glück: Die *Dutchess* dümpelte herrenlos an ihrem Liegeplatz. Vorsichtig darauf bedacht, kein Aufsehen zu erregen, kletterten die Kinder hastig an Bord und suchten hinter dem Kajütaufbau Deckung. Vorsichtig wagte Mike einen Blick zur *Rainbow* hinüber, aber er konnte niemanden entdecken.

„Was sollen wir jetzt machen?", zischte Kylie ihren Cousins zu.

„Abwarten!", flüsterte Brendan zurück. Lange Zeit hörten sie nur die Rufe der anderen Mannschaften und das leise Plätschern des Wassers gegen die Bordwand. Aber dann tat sich etwas auf der *Rainbow*.

„Der Kerl geht mir langsam auf die Nerven!", beschwerte sich eine Stimme. „Wir hätten diesem Idioten vom Zoll richtig fest eins auf die Birne geben und ihn dann gleich mit seinem verdammten Schiff zu den Fischen schicken sollen!"

„Sie haben den Zollfahnder gekidnappt!" Entsetzt

legte Kylie eine Hand auf ihren Mund. Brendan winkte ungeduldig ab und lauschte weiter. Aber so sehr sich die drei auch bemühten, mehr als unverständliche Wortfetzen konnten sie von der Antwort nicht hören. Dafür war nun das Schimpfen wieder gut zu verstehen: „Und dieser dämliche Professor! Ständig nervt der mich mit den Koalas. Der soll die Schnauze halten, sonst stopf ich sie ihm!"

„Möchtest du nicht noch etwas lauter reden?", erklang nun eine andere Stimme.

Brendan und Mike zuckten zusammen. Diese Stimme kannten sie. Sie gehörte dem falschen Professor, der das R beim Sprechen so auffällig rollte.

„Dann brauchen wir den Bullen keine Extraeinladung mehr zu schicken!"

Mikes Stimme war nicht mehr als ein Hauchen, als er in wenigen Worten seine Cousine über die Identität des Sprechers aufklärte. Kylie nickte. Als der falsche Professor weitersprach, hielten die Detektive den Atem an. Es hörte sich an, als stünde er direkt neben ihnen. Sie quetschten sich wie Flundern an den Kajütaufbau. „In unserem Geschäft braucht man Geduld, mein Guter. Lass unsere Gäste meine Sorge sein. Es fällt mir bestimmt eine schöne Lösung für sie ein!"

Mike schluckte.

„Und was ist mit den Schildkröteneiern? Behalten wir die, bis sie schlüpfen? Oder wie stellst du dir das vor, Bruce?", erkundigte sich der Nörgler.

„Einige davon wechseln gleich den Besitzer, mein Guter. Während du dafür sorgst, dass es unseren

Gästen an nichts fehlt, mache ich mich zu Mrs Macquarie auf." Der falsche Professor lachte höhnisch. „Da wartet ein Schildkrötenliebhaber auf seine Delikatessen! Und die werde ich ihm bringen!"

„O. k.", flüsterte Brendan aufgeregt. „Wir müssen die Polizei informieren. Und wir müssen die Übergabe der Schildkröteneier verhindern."

„Ich beziehe hier Posten!", entschied Mike. „Falls sich eine Gelegenheit bietet, unbemerkt an Bord zu gelangen und die Gefangenen zu befreien."

„Das ist aber total gefährlich! Ich weiß nicht ...", zauderte Brendan.

Da stieß Kylie einen unterdrückten Schrei aus: „Der Professor verlässt das Schiff!"

Vorsichtig lugte Brendan über den Kajütaufbau. Er konnte gerade noch sehen, wie Bruce mit einem Picknickkorb in der Hand leichtfüßig auf den Steg sprang. Brendan schüttelte den Kopf. Auf der Straße

hätte er den falschen Professor nicht wiedererkannt. Er wirkte überhaupt nicht mehr wie ein Fünfzigjähriger, mit seinem leicht federnden Gang, den modernen Klamotten und den in alle Himmelsrichtungen abstehenden Haaren. Den Vollbart hatte er wie vermutet abrasiert.

„O. k., aber sei vorsichtig!", ermahnte Brendan seinen Bruder, um schon im nächsten Moment mit Kylie hinter Bruce herzujagen. Sie verfolgten ihn bis zum Ausgang des Yachthafens.

„Ruf die Polizei!", rief Brendan Kylie zu, als sie mit zitternden Fingern die Zahlenkombinationen an ihren Fahrradschlössern einstellten. Kylie öffnete in Windeseile ihr Schloss und zog danach ihr Handy aus der Tasche. Sie tippte dreimal die Null ein.

„Warum dauert das denn so lange?" Brendan beobachtete nervös, wie Bruce die Straße überquerte. Auf der anderen Seite ging er mit raschem Schritt weiter. Entsetzt starrte Kylie auf das Display.

„Der Akku ist leer", gestand sie tonlos.

„Mist!", fluchte Brendan. „Dann müssen wir eben allein hinterher!"

Die Kinder schwangen sich auf ihre Räder und nahmen die Verfolgung auf. Von weitem konnten sie beobachten, wie Bruce einen Blick auf die Uhr warf und seinen Schritt beschleunigte. Ob er zu der Bushaltestelle wollte?

Sie traten so kräftig in die Pedale, wie sie nur konnten, aber trotzdem kamen sie zu spät. Denn plötzlich sprang Bruce auf die Straße, hielt ein Taxi an, stieg ein und fuhr davon.

Resigniert stützte Brendan die Arme auf dem Lenker auf und legte den Kopf in die Hände. „Wir haben es vermasselt!"

„Haben wir nicht!", versicherte Kylie entschieden. „Ich weiß nämlich, wo er hin will!" Dann wandte sie sich an einen Touristen, der mit ratloser Miene einen Stadtplan von Sydney studierte. „Darf ich mir den mal kurz ausleihen, bitte?"

Brendan ließ seinen Blick über den Ausschnitt des Stadtplans gleiten, den Kylie ihm hinhielt. Kurze Zeit später kannte auch Brendan das Ziel von Bruce.

? *Wohin fährt Bruce?*

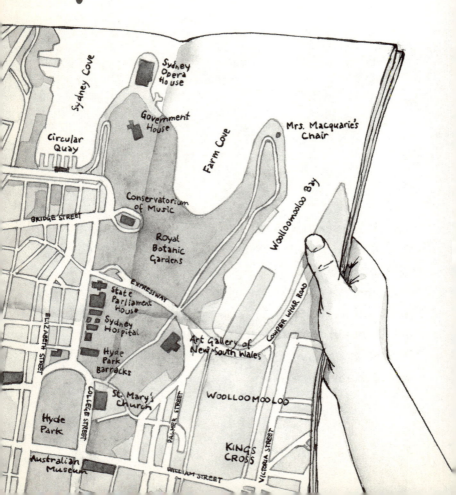

Sydney-to-Hobart

„Jetzt müssen wir Gas geben!", rief Kylie. Sie ordneten sich auf der linken Fahrspur ein und brausten los. Langsam wurde der Verkehr dichter. Die Freunde der Sydney-to-Hobart Regatta strömten in die Stadt. Taylor & Mevissen verließen die Hauptverkehrsstraßen, und Kylie lotste ihren Partner durch ein Gewirr von kleineren Gassen, sodass Brendan schnell die Orientierung verlor. Sie ließen die Kunstgalerie links liegen und bogen in voller Fahrt in den Royal Botanic Garden ein.

„Oh nein!", schrie Brendan auf. Er trat so fest auf die Rücktrittbremse, dass das Hinterrad quietschend wegrutschte. Die gesamte Straße war gesperrt. Ein Schild gab darüber Auskunft, dass auch die Nebenstraßen durch den Park wegen Ausbesserungsarbeiten bis auf weiteres unpassierbar waren und verwies auf eine großräumige Umleitung.

„Das ist ja ein Riesenumweg!", stöhnte Kylie. „Da hilft nur eins: Wir fahren über die Wiese!" Schon lenkte sie ihr Fahrrad auf den Rasen. Da ertönte der schrille Pfiff einer Polizeipfeife. Ein dicklicher Polizist, ebenfalls auf dem Fahrrad unterwegs, rief den

Kindern hinterher: „Sofort absteigen! Das Fahren auf den Grünflächen ist verboten!"

„Los – wir fahren weiter!", bestimmte Brendan kurz entschlossen. Sie beschleunigten die Fahrt. Wild fluchend nahm der Polizist die Verfolgung auf.

„Wir sind gleich da!", rief Kylie. „Da vorne ist schon der Aussichtspunkt: Lady Macquarie's Chair."

Eine Hand voll Menschen bevölkerte hier den Park. Die meisten hatten es sich auf Picknickdecken bequem gemacht, spielten mit ihren Kindern oder aßen mitgebrachte Brote.

Im Näherkommen hielten Brendan und Kylie nach Bruce Ausschau, doch er war nirgendwo zu sehen.

Plötzlich blieb Kylies Blick an einem Mann hängen, der neben einem Baum stand und offenbar mit sich selber sprach. Gerade wollte sie Brendan auf ihn aufmerksam machen, als Bruce hinter dem Baum hervortrat und dem Mann im Tausch gegen einen dicken Briefumschlag den Picknickkorb überreichte.

„Da!", rief Kylie und zeigte auf die Männer hinüber. In rasendem Tempo fuhren sie und Brendan auf die beiden zu. Aber noch bevor sie die Hälfte der Distanz überwunden hatten, drehte Bruce den Kopf zufällig in ihre Richtung. Es dauerte nur den Bruchteil einer Sekunde – dann drehte er sich um und rannte los. Gerade wollten Brendan und Kylie die Verfolgung aufnehmen, als sich ihnen jemand in den Weg stellte.

„Hab ich euch!", keuchte der dickliche Officer, stieg von seinem Fahrrad, zog ein Taschentuch hervor und wischte sich die Schweißperlen von der Stirn.

„Hören Sie zu", begann Kylie, „wir sind hinter Tierschmugglern her. Der Typ, den sie da gerade entkommen lassen, ist der Kopf einer international gesuchten Bande."

„Und ich bin der König von Saba!", nickte der Officer.

„Aber was sie sagt, ist wahr!", rief Brendan aufgebracht.

„Ihr kommt erst mal mit auf die Wache, und dann rufen wir eure Eltern an." Damit schien die Diskussion für den Polizisten beendet zu sein.

Mittlerweile hatte der andere Mann versucht, sich langsam und unauffällig aus dem Staub zu machen.

„Aber der Mann da drüben hat gerade Eier von Meeresschildkröten gekauft", sagte Brendan wütend. Er konnte es einfach nicht fassen, dass dieser Polizist sie daran hinderte, Bruce und seine Komplizen zu stellen.

„Wenn Sie uns nicht glauben, dann halten Sie ihn doch auf und schauen in seinen Korb", forderte Kylie den Polizisten auf. Der warf dem Flüchtigen einen schnellen Blick zu und rief: „Polizei! Bleiben Sie stehen!"

Nervös schaute Brendan auf seine Armbanduhr. Sie verschwendeten hier wertvolle Zeit. Er gab Kylie ein Zeichen, und noch bevor der Officer den Korb des Mannes geöffnet hatte, schwangen sich Taylor & Mevissen wieder auf ihre Räder und sprinteten los.

„Wir müssen die Bande aufhalten!", rief Kylie über die Schulter dem überraschten Officer zu.

Kylie und Brendan machten sich nicht die Mühe, am Eingang zum Yachthafen von ihren Rädern zu steigen, sondern rasten direkt zum Liegeplatz der *Rainbow*. Zu spät! Inmitten anderer Yachten verließ das Schiff gerade die Bucht. Blitzschnell sprang Brendan an Deck der *Dutchess*.

„Mike!", rief er. „Mike, wo bist du?"

Kylie schaute sorgenvoll auf das Meer. „Er ist bestimmt auf der *Rainbow*." Entsetzt starrte Brendan sie an, aber seine Versteinerung währte nur wenige Sekunden, dann wurde er aktiv.

„Komm!" Er sprang von der Yacht herunter, griff Kylies Hand und zog sie zur *Flying Eagle*.

Von allen Crewmitgliedern, die auf Deck letzte Vorbereitungen für das Ablegen trafen, entdeckte Mr Taylor sie als Erster.

„Oh, wie schön!", rief er. „Ihr kommt gerade rechtzeitig. Ihr werdet sehen, so ein Start einer Regatta ist etwas ganz Besonderes. Den werdet ihr euer Leben lang nicht vergessen. Und das hier ist mein Freund Jason, der Kapitän."

„Dad, du musst die Küstenwache oder die Hafenpolizei oder wen auch immer verständigen, bitte. Die *Rain owl* heißt in Wirklichkeit *Rainbow* und muss aufgehalten werden!", flehte Kylie. In wenigen Worten informierte Brendan seinen Onkel und den Kapitän über die neuesten Ereignisse. Beide hörten aufmerksam zu.

„O. k.!", sagte Mr Taylor. Und an den Kapitän gewandt, fügte er hinzu: „Du hast gehört, was die Kinder gesagt haben. Bitte ruf die Polizei – ich verbürge mich für die Kinder. Den Rest der Geschichte erzähle ich dir später!"

Brendan, Kylie und Mr Taylor folgten dem Kapitän zum Funkgerät. Nachdem dieser die Schutzbehörden informiert hatte, sprach er in das Mikrofon: „Die *Flying Eagle* an alle Schiffe in der Rushcutters Bay und der Elizabeth Bay. Vielleicht habt ihr meinen Funkspruch von eben mitgehört. Auf der *Rain owl* versuchen Tierschmuggler gerade, das Land zu verlassen. Haltet sie auf!"

Während Kylie und Brendan Bruce verfolgten, war Mike tatsächlich an Bord der *Rainbow* geschlichen. Er hatte sich hinter einem Holzaufbau versteckt und von dort aus beobachtet, wie Bruce einige Zeit später hastig an Bord kletterte. Voller Panik hatte er dann mit ansehen müssen, wie die Leinen der Yacht losgemacht wurden und Bruce das Schiff mit großer Geschwindigkeit aus dem Hafenbecken heraussteuerte.

In Mike kroch die Angst hoch. Was in aller Welt sollte er tun? Er musste irgendwie in das Innere der Yacht gelangen, um die Gefangenen zu befreien. Zusammen würden sie es vielleicht schaffen, die Verbrecher zu überwältigen.

Als Bruce und sein Komplize die Funksprüche der *Flying Eagle* hörten, entbrannte zwischen ihnen ein heftiger Streit. In diesem Augenblick sah Mike seine Chance gekommen: Unbemerkt von den beiden schlich er zu einer Klappe, die ins Innere des Schiffes führte, und schlüpfte hindurch.

Geräuschlos durchquerte er den ersten Raum, offenbar eine Kombüse. Auf dem Tisch standen noch die Reste einer Mahlzeit.

Als Mike die Tür zum zweiten Raum öffnete, sah er den Mann im karierten Hemd und den richtigen Professor Jameson gefesselt und geknebelt auf dem Boden liegen.

Kaum hatte er den Zollfahnder befreit, sagte der: „Dich kenne ich doch! Du lebst auf Magnetic Island, nicht wahr?" Aber Mike kam nicht dazu zu antworten, denn plötzlich war das überlaute, knatternde Geräusch eines Hubschraubers zu hören und dazu eine dröhnende Stimme: „Hier spricht die Polizei! *Rain owl*, stoppen Sie Ihre Fahrt! Ein Fluchtversuch ist zwecklos!"

Bruces Stimme zitterte, als er brüllte: „Ich habe Geiseln an Bord! Soll ich sie euch zeigen?"

Mit fliegenden Händen machte sich Mike daran, auch die Fesseln des Professors zu lösen. Aber schon hörte er von draußen eilige Schritte. Sofort sprang er hinter die Kabinentür. Im selben Moment flog die Tür auf, und Bruce stürmte mit gezogener Pistole herein. Weit kam er allerdings nicht: Er stolperte über Mikes ausgestrecktes Bein und stürzte zu Boden. Der Zollfahnder nutzte die Gunst der Stunde und schickte Bruce durch einen gezielten Schlag ins Land der Träume.

„Wenn du noch ein paar Zentimeter gewachsen bist, solltest du dich beim Zoll bewerben", sagte der Karomann lachend zu Mike. „Leute wie dich können wir immer gebrauchen!"

Als der richtige Professor, Mike und der Zollfahnder an Deck traten, hatte Bruces Komplize angesichts der Übermacht schon kapituliert.

Um dreizehn Uhr startete ein Kanonenschuss die Sydney-to-Hobart Regatta. Zu diesem Zeitpunkt waren die beiden Schmuggler längst hinter Schloss und Riegel. Die an Bord der *Rainbow* gefundenen Schildkröteneier und Koalas waren in die Obhut von Fachleuten übergeben worden.

Und Mevissen, Taylor & Mevissen saßen hochzufrieden und Beine baumelnd in Schwimmwesten auf dem Deck der *Flying Eagle*. Der Wind füllte die Segel, und das Schiff glitt nahezu schwerelos über das blaue Wasser. Im Fernsehen hatten die drei den Start der Regatta schon oft gesehen, aber jetzt waren sie hautnah dabei. Inmitten der schönsten Yachten der Welt segelten sie aus dem Hafen von Sydney und nahmen Kurs auf Tasmanien.

Lösungen

Eine gefährliche Bekanntschaft
Brendan sieht, dass der Mann unter seiner Weste ein Halfter mit Pistole trägt.

Kauderwelsch mit Soße
Liest man die Buchstabenkette von rechts nach links, lautet der Text: ankomme / heute / treffen / morgen / 16.30 uhr/wonderland

Eine geheimnisvolle Botschaft
Auf dem Zettel steht: Operation morgen Nacht. Warte auf gewohntes Zeichen.

Stimmen in der Nacht
Mike hat den Ruf eines Uhus gehört. Aber in Australien gibt es keine Uhus.

Der Diebstahl
Neben dem Zaun hat sich im Gestrüpp ein karierter Stofffetzen verfangen. Er zeigt das gleiche Muster wie das Hemd, das der bewaffnete Mann auf der *Monsun* getragen hat.

Unter Verdacht
Der Mann auf dem Zeitungsfoto trägt einen Rechtsscheitel. Aber der Mann, der sich im Koala Park als Professor Jameson ausgegeben hat, trug einen Linksscheitel.

Treffpunkt Sydney
Booker fehlt an der rechten Vordertatze eine Kralle. Er hat nur vier anstatt fünf Krallen.

Die Nadel im Heuhaufen
Im Hafen von Magnetic Island lag neben der *Monsun* eine Yacht mit dem Namen *Rainbow*. Im Hafen von Sydney liegt die *Rain owl* vor Anker. Überklebt man das b und fügt das l hinzu, so wird aus *Rainbow Rain owl*.

Auf heißer Spur
Bruce, der falsche Professor, sprach davon, dass er zu Mrs Macquarie wolle. Auf dem Stadtplan ist im Bereich des Royal Botanic Garden der Aussichtspunkt Mrs Macquarie's Chair, also Mrs Macquaries Stuhl, verzeichnet. Das ist das Ziel von Bruce.

Glossar

Aborigine: englische Bezeichnung für die Ureinwohner Australiens, die sich bereits 40 000 v. Chr. in Australien niederließen.
Belt up!: Halt den Mund!
Boxing Day: zweiter Weihnachtsfeiertag. Mitte des 19. Jahrhunderts entstand in England der Brauch, dass reichere Bürger den ärmeren am 26. Dezember Geld und andere Geschenke in Boxen überreichten. Boxing Day wird in Großbritannien, Irland, Australien, Neuseeland und Kanada gefeiert.
box jellyfish: Würfelqualle, auch *stinger* oder Seewespe genannt. Die bis zu drei Meter langen Tentakeln der Tiere enthalten ein extrem gefährliches Gift. Eine Berührung führt zu schmerzhaften Verletzungen und kann für den Menschen tödlich sein.
Cheers!: Prost!
Come on!: Komm schon!
curlew: Schnepfenart, die einen schauerlichen Ruf ausstößt
darling: Liebling
Darling Harbour: Stadtteil von Sydney
Discovery Room: Entdeckungsraum
Dingo: Wildhund, der von verwilderten Haushunden abstammt. Er ist bei den Farmern nicht sehr beliebt, weil er Schafe und Kinder jagt.

Elizabeth Bay: Bucht im Hafen von Sydney. Die Rushcutters Bay geht in sie über.
G'day: Guten Tag
Get up!: Steh auf!
Give me five!: Gib mir fünf! Aufforderung zum Abklatschen
Good heavens!: Lieber Himmel!
Great Barrier Reef: großes Riff, das sich über 2 300 km vor der australischen Ostküste im Pazifischen Ozean erstreckt. Es besteht aus ca. 2 900 einzelnen Riffen.
Hobart: Hauptstadt von Tasmanien
Hyde Park: Park in Sydney
Koala: Beuteltier. Sein Name stammt aus der Sprache der Aborigines und bedeutet: nicht trinken.
kookaburra: auch Lachender Hans genannt. Großer Eisvogel, dessen Ruf sich wie Gelächter anhört
Lachender Hans: siehe *kookaburra*
Magnetic Island: Insel vor Townsville
Moskito: Stechmücke
Mrs Macquarie's Chair: Aussichtspunkt in Sydney. Angeblich zog sich die Gattin des Gouverneurs, Elizabeth Macquarie, gerne hierher zurück.
New South Wales: einer der Bundesstaaten Australiens
Officer: Polizeibeamter
Outback: Wüsten- und Steppenlandschaften im Landesinneren Australiens
Plumpudding: Rosinenpudding

primary school: Grundschule. Die Kinder besuchen sie ab dem 5. oder 6. Lebensjahr und verlassen sie nach sechs oder sieben Jahren, je nach Bundesstaat.
Raine Island: Insel vor der Ostküste Australiens
Ranger: Aufseher, Wildhüter
roo: Abkürzung für Känguru
Royal Botanic Garden: Botanischer Garten in Sydney
Royal Flying Doctor Service: (RFDS) Weil die Farmen im australischen Outback so weit auseinander liegen, dass die Menschen tagelang unterwegs wären, müssten sie einen Arzt oder ein Krankenhaus aufsuchen, wurden 1928 die „Fliegenden Ärzte" gegründet, die mit dem Flugzeug zu ihren Patienten kommen.
Rushcutters Bay: Bucht im Hafen von Sydney
School of the Air: Schulform für die Kinder im Outback. Bis sie 13 Jahre alt sind, werden sie über Funk, Internet oder Satellit unterrichtet, danach gehen sie ins Internat.
See ya later!: Bis dann!
Skyline: Silhouette von Bauwerken
Sydney: Hauptstadt von New South Wales
Sydney Harbour Bridge: wird von den Einwohnern Sydneys auch Kleiderbügel (*Coathanger*) genannt. Sie wurde 1932 eröffnet und ist eines der Wahrzeichen der Stadt. An ihrer höchsten Stelle ist sie 134 Meter hoch.
Sydney Opera House: 1973 eröffnetes Opernhaus. Neben der Sydney Harbour Bridge Wahrzeichen der Stadt.

Sydneysider: Einwohner von Sydney
Sydney-to-Hobart Regatta: traditionsreiche Segelregatta, die jedes Jahr am 2. Weihnachtsfeiertag in der Elizabeth Bay in Sydney startet
Tasmanien: Insel südlich von Melbourne in der Tasmansee gelegen, hat nur ca. 68 000 Einwohner und ist damit der kleinste Bundesstaat Australiens. Sie wurde 1642 von dem Holländer Abel Tasman entdeckt.
The Wet: die Regenzeit im tropischen Norden (November bis April)
Townsville: Stadt an der Ostküste Queenslands
wallaby: eine verhältnismäßig kleinwüchsige Känguru-Art
What's up?: Was ist los?, Was gibt es?
wombat: Plumpbeutler
yummy: lecker

Australien – der rote Kontinent

Geografische Lage und Größe

Der Name Australien bezeichnet den Inselkontinent, die Nachbarinsel Tasmanien und einige vorgelagerte Inseln. Ein anderer Name für diesen Erdteil lautet *down under*, was so viel bedeutet wie „da unten". Dies ist eine Anspielung darauf, dass nicht ein einziger Zipfel Australiens über den Äquator hinweg in die Nordhälfte der Erdkugel ragt. Die gesamte Fläche von 7 682 000 km² erstreckt sich auf der Südhalbkugel unseres Globus. Damit ist Australien das sechstgrößte Land der Erde. Es ist etwa 22-mal so groß wie Deutschland, mehr als doppelt so groß wie Europa (3 689 000 km²) und fast genauso groß wie die USA ohne Alaska (7 704 000 km²). Wenn man von der nördlichsten Stelle Australiens bis zur südlichsten Stelle ein Riesenmaßband spannen würde, könnte man eine Strecke von 3 200 km ablesen. Wenn wir jetzt das Maßband vom östlichsten Punkt des Kontinents bis zu seinem westlichsten spannen, ergibt sich eine Breite von 4 100 km.

An die West- und die Südküste Australiens brandet der Indische Ozean, während die Ostküste vom Pazifischen Ozean umgeben ist. Im Norden grenzt das Land an die Timorsee, die Arafurasee und den Golf von Carpentaria. Der nächstgelegene Kontinent ist Asien. Von Europa aus gesehen ist Australien ziemlich weit vom Schuss!

Landschaften

Der kleinste und zugleich flachste Kontinent der Welt lässt sich von Westen nach Osten grob in drei Großlandschaften untergliedern. Das westaustralische Plateau nimmt ungefähr die Hälfte Australiens ein. Es liegt auf einer Höhe von 300 - 400 m und besteht zum größten Teil aus Wüste. Die hier befindlichen, wenigen Gebirgsketten erreichen Höhen von 1200 - 1500 m. Hier trifft man auf den größten Monolithen der Welt, gleichzeitig eines der Wahrzeichen Australiens: den 863 m hohen, 348 m aufragenden Uluru, auch *Ayers Rock* genannt (Umfang 9,4 km). Die Ureinwohner Australiens, die Aborigines, verehren ihn

als heiligen Berg. Hier sind wir mittendrin im australischen, braunroten *Outback*.

In Richtung Osten geht das westaustralische Plateau in das mittelaustralische Tiefland über, das von großen Salzsümpfen und Salzseen geprägt ist.

Auf das mittelaustralische Tiefland folgt das ostaustralische Gebirgsland, das zum größten Teil aus der *Great Dividing Range* (der Großen Wasser- und damit auch Klimascheide) besteht. Diese verläuft nahezu parallel zur Ostküste. Während der nördliche Teil der unzusammenhängenden Gebirgsketten lediglich so hoch ist wie ein Mittelgebirge, steigt der südliche Teil mit dem Mount Kosciusko auf bis zu 2 234 m an. Hier sind die Snowy Mountains, und hier kann man tatsächlich Ski aufen.

Vor der australischen Ostküste liegt das Great Barrier Reef im Pazifischen Ozean. Es erstreckt sich über 2 300 km und besteht aus ca. 2 900 einzelnen Riffen. Es ist das größte Korallenriff der Welt und Heimat für eine unermessliche Vielzahl von Meereswesen. Man kann es sogar vom Weltraum aus sehen! Obwohl es unter Naturschutz steht und von der UNESCO zum Weltkulturerbe ernannt wurde, wird sein ökologisches Gleichgewicht durch den Menschen bedroht.

Klima

Die Klimazonen Australiens umspannen eine Bandbreite von tropischem Klima im Norden bis zum Mittelmeerklima im Süden.

Im Zentrum des Kontinents herrschen die extremsten Temperaturen. Je weiter man sich vom Zentrum wegbewegt und je näher man der Küste kommt, desto gemäßigter werden die Temperaturen.

Wegen des tropischen Klimas gibt es im Norden keine Jahreszeiten, sondern Regen- und Trockenzeiten bei Temperaturen von ca. 30 °C. Auf dem Weg von Norden nach Süden werden die jahreszeitlichen Temperaturunterschiede immer deutlicher.

Das Landesinnere ist wüstenhaft trocken. Hier sind Sommer mit Tagestemperaturen von 40 °C und mehr sowie Minusgrade bei Nacht keine Ausnahme.

Die höchste Temperatur wurde mit 53 °C im Jahre 1889 in Cloncurry in Queensland gemessen. Am kältesten wurde es im Jahr 1994. Am Mount Kosciusko fiel die Quecksilbersäule auf -23 °C!

Der Südwesten und der Südosten des Landes sind gemäßigt bis mediterran.

Wenn man mal von der Antarktis absieht, ist Australien der niederschlagärmste Kontinent. Wobei sich die Niederschlagsmengen in den einzelnen Regionen sehr stark unterscheiden: Das Zentrum des Kontinents ist niederschlagsarm, während es im Norden, Osten, Südwesten und Südosten zu ausreichenden Niederschlägen kommt.

Pflanzenwelt

Die Insellage Australiens hat dazu beigetragen, dass hier Pflanzen überlebten, die anderenorts nur noch vereinzelt oder gar nicht mehr existieren. Besonders artenreich sind der Eukalyptus und die Akazie, die auch in extremer Trockenheit überleben können.

Die Vegetation Australiens entspricht den klimatischen Verhältnissen. Verallgemeinernd kann man sagen: je zentraler, desto weniger Vegetation. Eine australische Wüstenlandschaft wird deshalb auch *Nullarbor* (das bedeutet: keine Bäume) genannt. Das Landesinnere und der westliche Teil bestehen nahezu ausschließlich aus Wüste, Salzbuschsteppe und Savanne. An diese Gebiete schließen sich im Südwesten, Norden, Osten und Südosten Trockenwald und Savanne an. Von Kap York bis Brisbane trifft man entlang der Küste auf vereinzelte Gebiete tropischen Regenwalds. Im Norden lassen sich an der Küste einige Monsunregenwälder finden. Der Südosten und der Südwesten sind durch trockene und feuchte Hartlaubwälder geprägt.

Regenfälle können die Trockengebiete in kurzer Zeit in ein wunderschönes Pflanzenmeer verwandeln.

Tierwelt

Auch die Tierwelt ist aufgrund der geografischen Lage Australiens einzigartig. Hier leben so viele Tiere, dass sie an dieser Stelle unmöglich alle erwähnt werden können. Deshalb seien hier nur einige genannt. Da wäre das Wappentier Australiens, das Känguru, und der Koala, der kein Bär ist, sondern ein Beuteltier. Außerdem leben in Australien Wombats, der Tasmanische Teufel, *salties* (die Salzwasserkrokodile), Leistenkrokodile, Emus, Geckos, Skorpione (!), diverse Schlangen (davon sind ziemlich viele ziemlich giftig), Echsen, unzählige Vogelarten, darunter eine Heerschar von Papageien, und Dingos. Außerdem kommen alle sechs Arten der vom Aussterben bedrohten Meeresschildkröten vor sowie Delfine und eine reiche Vielfalt an Fischen, z. B. Haien, Rochen, Clownfischen etc.

Bevölkerung

Gerade mal 20 Millionen Australier bevölkern den riesigen Kontinent. Davon sind nur 410 000 Menschen australische Ureinwohner, Aborigines. Damit ist Australien vergleichsweise dünn besiedelt.

Nur zum Vergleich: Europa weist eine Gesamtbevölkerung von 489,2 Millionen Menschen auf, und Deutschland hat 82,1 Millionen Einwohner.

Dabei ist das Landesinnere Australiens weit gehend unbesiedelt. 70 Prozent der Bevölkerung leben in den zehn größten Städten.

Jahreszeiten

Down under stehen die Jahreszeiten Kopf: Wenn wir Sommer haben, herrscht in Australien Winter. Und wenn wir Winter haben, dann ... richtig – freuen sich die Australier über ihren Sommer.

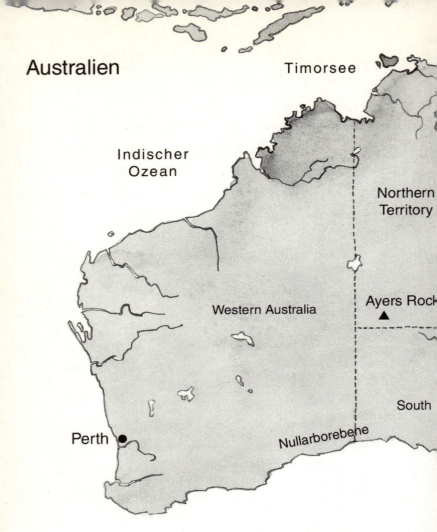

Alexandra Fischer-Hunold wurde 1966 in Düsseldorf geboren. Sie studierte Germanistik und Anglistik und arbeitete im Anschluss daran bei einem Kölner Reiseführerverlag. Seit einiger Zeit schreibt sie Kinderbücher und Vorlesegeschichten. Alexandra Fischer-Hunold lebt mit ihrem Mann, ihrer Tochter und ihrem Hund im Rheinland.

Daniel Sohr, Jahrgang 1973, wurde in Tübingen geboren. Aus einer Künstlerfamilie stammend, hat er schon als Kind die Stifte seiner Mutter dazu benutzt, eigene Bilder zu malen. Heute lebt Daniel Sohr in Berlin, und das Skizzenbuch ist sein ständiger Begleiter, damit er auch unterwegs keine seiner Ideen vergisst.

TATORT ERDE
Ratekrimis aus aller Welt

- *Spannende Sachinformationen und viele Rätsel*
- *Wissenswertes über landestypische Besonderheiten*
- *Ausführliches Glossar*

Safira und Raul dürfen ihren Vater besuchen, der als Pflanzenforscher im Regenwald arbeitet. Doch als die beiden bei der Forschungsstation ankommen, ist ihr Vater spurlos verschwunden. Weder seine Kollegen noch die Yanomami-Indianer aus dem Nachbardorf können den Geschwistern weiterhelfen. Für Safira und Raul beginnt eine abenteuerliche Suche ...

www.loewe-verlag.de